Research on the Development of
**SHANDONG DIGITAL
ECONOMY**

山东数字经济
发 展 研 究

杨 珍 刘 泽 孔宪香 ◎ 著

中国财经出版传媒集团
经济科学出版社
Economic Science Press

图书在版编目（CIP）数据

山东数字经济发展研究/杨珍，刘泽，孔宪香著.
—北京：经济科学出版社，2022.10
ISBN 978 - 7 - 5218 - 4151 - 0

Ⅰ.①山…　Ⅱ.①杨…　②刘…　③孔…　Ⅲ.①信息
经济 - 经济发展 - 研究 - 山东　Ⅳ.①F492.3

中国版本图书馆 CIP 数据核字（2022）第 197103 号

责任编辑：杨　洋　赵　岩
责任校对：李　建
责任印制：范　艳

山东数字经济发展研究

杨珍　刘泽　孔宪香　著

经济科学出版社出版、发行　新华书店经销
社址：北京市海淀区阜成路甲 28 号　邮编：100142
总编部电话：010 - 88191217　发行部电话：010 - 88191540
网址：www.esp.com.cn
电子邮箱：esp@esp.com.cn
天猫网店：经济科学出版社旗舰店
网址：http://jjkxcbs.tmall.com
北京季蜂印刷有限公司印装
710×1000　16 开　13 印张　200000 字
2022 年 10 月第 1 版　2022 年 10 月第 1 次印刷
ISBN 978 - 7 - 5218 - 4151 - 0　定价：52.00 元
（图书出现印装问题，本社负责调换。电话：010 - 88191545）
（版权所有　侵权必究　打击盗版　举报热线：010 - 88191661
QQ：2242791300　营销中心电话：010 - 88191537
电子邮箱：dbts@esp.com.cn）

前　言

随着大数据、人工智能、5G 通信等新兴科学技术的快速发展，社会经济发展进入数字经济时代。数字经济成为 21 世纪全球经济增长的重要驱动力。数字经济发展速度之快、辐射范围之广、影响程度之深前所未有。数字经济和实体经济深度融合，数字经济发展呈现出强大的渗透、溢出、带动和引领作用，在助推经济转型中发挥着关键性作用，推动着高质量发展。数字经济的蓬勃发展，也促使人类生产方式、生活方式以及政府治理等方面发生深刻的变革。

数字经济一词来自西方。数字经济（digital economy）词组最早出现在牛津英语词典记录的 1994 年 3 月 1 日美国报纸《圣地亚哥联合论坛报》（*The San Diego Union–Tribune*）的一篇报道中，用以表述美国经济新现象。数字经济真正受到人们关注并传播开来，是始于 1996 年美国唐·泰普斯科特（Don Tapscott）撰写的《数字经济：网络智能时代的前景与风险》一书。该书不仅书名突出了数字经济，而且详细描述了数字经济的各方面情况，分析了数字经济的特征，引起了较大反响，受到学界和政府的关注，数字经济这一概念形成。

在我国，先后出现了互联网经济、网络经济、信息经济等概念，用来描述信息和通信技术（ICT）对经济社会带来的影响。2016 年，由 G20 杭州峰会发布的《G20 数字经济发展与合作倡议》，首次将"数字经济"列为 G20 创新增长蓝图中的一项重要议题，提出了目前具有代表性的数字经济概念，即"以使用数字化的知识和信息作为关键生产要素、以现代信息网络作为重要载体、以信息通信技术的有效使用作为效率提升和经济结构优化的重要推动力的一系列经济活动"①，明确了数字技术在经济社会发展中起到重要作用。2017 年十二届全国人大第五次会议首次将"数字经济"写入我国政府工作报告，提出要"扩大数字家庭、在线教育等信息消费"，"促进数字经济加快成长，让企业广泛受益、群众普遍受惠"。

从中国信息通信研究院发布的《中国数字经济发展白皮书》看，截至2021 年，我国数字经济规模已经突破 40 万亿元，占 GDP 总量的 40%，成为稳定经济发展、保持经济大盘的核心力量。我国数字产业化规模为 8.35 万亿元，同比名义增长 11.9%，占数字经济比重为 18.3%，占 GDP 比重为 7.3%，数字产业化发展仍处于"量"的扩张期。我国产业数字化规模达到 37.18 万亿元，同比名义增长 17.2%，占数字经济比重为 81.7%，占GDP 比重为 32.5%，产业数字化占数字经济比重超八成，成为数字经济发展的主引擎②。

近年来，山东紧抓数字经济发展机遇，深入贯彻落实省委、省政府加快建设"数字山东"决策部署，高起点谋划、高标准要求、高质量推进，积极布局建设数字基础设施，不断优化数字经济发展环境，着力推动数字产业化、产业数字化，努力做大做强数字经济，取得了显著成效。2021年，山东数字经济占 GDP 的比重超过 43%，数字经济规模居全国第三位③，数字经济发展一直处在全国前列并呈现出加快发展态势。

本书专注于山东数字经济，对山东数字经济发展的两个核心部分，即山东数字产业化和产业数字化，分章展开研究，力求较全面、较系统地反映山东数字经济发展的成效和存在的问题，在借鉴国内省域数字经济发展经验的基础上，提出加快发展山东数字经济的对策建议。本书在结构安排上共设有八章。

第一章，导论。内容包括：梳理数字经济概念的产生过程，界定数字经济的涵义，阐述数字经济的发展特征；分析国内外对数字经济的统计分类；阐明我国发展数字经济的重大意义。

---

① 二十国集团数字经济发展与合作倡议［EB/OL］. 中华人民共和国国家互联网信息办公室网站：2016 - 09 - 29.
② 中国信通院发布的《2022 年中国数字经济发展白皮书》.
③ 中国信通院发布的《中国数字经济发展报告（2022 年）》.

第二章，山东数字经济发展总体态势。内容包括：阐述山东数字经济发展的总体情况，分别从山东数字经济与全国部分省市的比较、济南和青岛数字经济与全国其他副省级城市的比较，以及山东省域内16市数字经济发展的比较等方面展开研究。本书为了对山东省及16市数字经济发展水平进行综合评价，构建了数字经济发展综合评价指标体系。

第三章，山东数字产业化发展现状。内容包括：在研究数字产业化理论和实践的基础上，揭示数字产业化的作用机理及实现路径，阐述山东数字产业化的发展成效，剖析山东数字产业化发展存在的主要问题。

第四章，山东农业产业数字化发展现状。内容包括：在研究产业数字化理论和实践基础上，揭示农业产业数字化的作用机理及实现路径，阐述山东农业产业数字化的发展成效，剖析山东农业产业数字化发展存在的主要问题。

第五章，山东制造业数字化发展现状。内容包括：在研究产业数字化理论和实践基础上，揭示制造业数字化的作用机理及实现路径，阐述山东制造业数字化发展成效，剖析山东制造业数字化发展存在的主要问题。

第六章，山东服务业数字化发展现状。内容包括：在研究产业数字化理论和实践基础上，揭示服务业数字化的作用机理及实现路径，阐述山东服务业数字化发展成效，剖析山东服务业数字化发展存在的主要问题。

第七章，国内省域数字经济发展经验及启示。本章选取了全国数字经济发展成效突出、特色鲜明的广东、江苏、浙江、福建、贵州省，分别研究了这几个省域数字经济发展的做法，研究了他们的经验，最后分析这些省域的做法和经验对山东的启示。

第八章，加快山东数字经济发展的对策。本章在前面各章研究基础上，针对山东数字经济发展中存在的主要问题，从加强数字经济基础设施建设、推动数据要素市场化进程、提升数字产业创新能力、加快产业数字化转型、实施数字强省人才工程和优化数字经济发展生态六个方面提出了对策建议。

本书既从理论层面对数字经济发展水平进行综合评价，提炼出数字产业化和产业数字化的作用机理和实现路径，也从实践层面对山东实施数字产业化、农业产业数字化、制造业数字化和服务业数字化进行了系统分析，既阐述了山东数字经济发展所取得的突出成效，也剖析了存在的主要问题，从而使本书内容具有一定的理论研究价值和实践应用价值。本书适合各级领导干部、政府部门工作人员阅读，也适合理论研究者阅读。

　　本书系中共山东省委党校（山东行政学院）创新工程科研支撑项目成果。作者均为多年从事经济学教学与研究的教授。杨珍教授撰写了本书前言、第一章、第二章、第三章和第八章的第 1、第 3 节；刘泽教授撰写了第六章、第七章和第八章的第 2 节、第 6 节；孔宪香教授撰写了第四章、第五章和第八章的第 4 节、第 5 节。本书在写作过程中参考和借鉴了国内外一些专家、学者的相关著作及文章，并尽可能在注释和参考文献中列出，在此一并表示衷心感谢！限于我们的知识和水平，本书难免有不足和欠妥之处，欢迎读者批评指正。

本书作者

2022 年 10 月

目 录
CONTENTS

导　论

随着大数据、人工智能、5G 通信等新兴科学技术的快速发展，社会经济发展进入数字经济时代。数字经济成为 21 世纪全球经济增长的重要驱动力。

数字经济发展速度之快、辐射范围之广、影响程度之深前所未有。数字经济发展呈现出强大的渗透、溢出、带动和引领作用，数字技术和实体经济深度融合，数字经济在助推经济转型中发挥着关键性作用，推动着经济的高质量发展。数字经济的蓬勃发展，也促使人类生产方式、生活方式以及政府治理等方面发生深刻的变革。

第一节　数字经济的概念及特征

一、数字经济术语的提出

数字经济一词来自西方。据资料记载，数字经济（digital economy）词组最早出现在牛津英语词典记录的 1994 年 3 月 1 日美国报纸《圣地亚哥联合论坛报》（*The San Diego Union – Tribune*）的一篇报道中，用以表述美国经济新现象①。数字经济真正受到人们关注并传播开来，始于美国唐·泰

---

① 李长江. 关于数字经济内涵的初步探讨 [J]. 电子政务，2017（9）：84 – 92.

普斯科特（Don Tapscott）在其撰写的《数字经济：网络智能时代的前景与风险》[①] 一书。该书不仅书名突出了数字经济（digital economy），而且详细描述了数字经济的各方面情况，分析了数字经济的相关特征，引起了较大反响，受到学界和政府的关注，数字经济这一概念形成。唐·泰普斯科特也因此被称为"数字经济之父"[②]。唐·泰普斯科特在书中将数字经济描述为："可互动的多媒体、信息高速公路以及互联网所推动的以人类智慧网络化为基础的新型经济"，是一个运用信息和通信技术（ICT）的经济系统，包含基础设施、电子商务以及运用信息和通信技术（ICT）的 C2C、B2B 和 B2C 的交易模式。唐·泰普斯科特虽然描述了"数字经济"，概括了数字经济的特征，但并未对其进行明确的概念界定。

20 世纪 90 年代，各国政府也开始重视数字经济发展。1997 年 5 月，日本通产省开始从官方层面提到数字经济，在其发布的政府文件中明确指出，以信息技术为基础、电子化手段和没有物理移动的经济是数字经济的特征。1998 年美国商务部首次对数字经济进行统计，公开采用此概念并发布相关研究成果。1998 年 1 月，美国副总统阿尔·戈尔首次提出"数字地球"的概念。同年 7 月，美国发布《浮现中的数字经济》（*The Emerging Digital Economy*）报告，1998 ~ 2000 年美国商务部连续三年出版了名为《浮现中的数字经济》（Ⅰ、Ⅱ）和《数字经济》的研究报告[③]。尤其是 1998 年，美国商务部在其发布的报告《浮现中的数字经济》中，公开采用了"数字经济"一词[④]。在此报告中，美国政府将信息技术认定为促进美国经济发展的源动力，指出：互联网的搭建、电子通信于企业间的应用率、信息产品及服务的数字传输率、传统商品的网上销售均将参与并驱动这种发展[⑤]。之后，美国就数字经济发布了 7 份报告，探讨数字经济发展

① 李长江. 关于数字经济内涵的初步探讨 [J]. 电子政务，2017（9）：84 - 92.
② 李长江. 关于数字经济内涵的初步探讨 [J]. 电子政务，2017（9）.
③ 刘昭洁. 数字经济背景下的产业融合研究——基于制造业的视角 [J]. 对外经济贸易大学博士论文，2018 - 5.
④ 中国信息通信研究院打造数字经济新优势：发展、路径与思考 [R]. 北京：中国信息通信研究院，2020：1 - 10.
⑤ [美] 美国商务部著，姜奇平译. 浮现中的数字经济 [M]. 北京：中国人民大学出版社，1998 年 11 月.

的前沿和热点问题，并于 2004 年界定了数字经济的概念，认为数字经济是以数字技术为前提条件的电商活动等要素组成①。2018 年，又发布了《数字经济的定义和衡量》，为未来数字经济发展制定了新的内涵和衡量标准。

经济合作与发展组织（OECD）在相关研究报告中使用数字经济展望，取代了之前的通信展望、互联网经济展望和 ICT 展望②。俄罗斯总统普京在 2017 年 6 月公开表态，认为数字经济的发展是俄罗斯经济发展的重中之重。澳大利亚将数字经济作为本国经济发展的战略阵地，制定了在 2020 年澳大利亚要位列世界数字化国家前列的目标。目前，全世界有 170 多个国家和地区发布数字战略。德国提出工业 4.0，数字化战略 2025；俄罗斯提出数字经济战略；韩国、澳大利亚、巴西、印度等也纷纷提出各自的数字经济发展计划。

在我国，先后出现了互联网经济、网络经济、信息经济等概念。2016 年，由 G20 杭州峰会发布的《G20 数字经济发展与合作倡议》明确了数字技术在经济社会发展中起到重要作用。2017 年十二届全国人大五次会议首次将"数字经济"写入我国政府工作报告，提出要"扩大数字家庭、在线教育等信息消费""促进数字经济加快成长，让企业广泛受益、群众普遍受惠"。

总体上看，进入 21 世纪，各国和国际组织均开始关注数字经济，同时争相制定数字经济发展战略和政策。数字经济概念在世界范围内不断传播，被广泛接受和使用。随着数字技术领域的科技创新，数字经济的内涵不断地丰富和扩展。

二、数字经济的涵义

数字经济是一个内涵比较宽泛的概念，其内涵不断扩展延伸。世界各国及地区对其认识经历了一个不断深化的过程。关于数字经济概念的研究，主要集中在国际组织和各国统计局的研究成果和工作报告中。其中，讨论

---

① 陈明忠，周树彪. 广东数字经济高质量发展问题及对策研究. 商业经济［J］. 2022（9）.
② 李长江. 关于数字经济内涵的初步探讨［J］. 电子政务，2017（9）.

最为深入和最具影响力的是 OECD 和美国经济分析局（BEA）的研究。

OECD 将有关数字经济的研究组成了数字经济工作系列论文集《数字经济文件》。早期 OECD 对于数字经济的研究集中在信息经济、互联网经济、ICT、数字内容、电子商务等方面，OECD 对于数字经济定义的早期研究包含信息经济和互联网经济。"信息经济"一词，是指信息通信技术的更广泛影响，但随着互联网的迅猛发展以及传统通信技术向互联网技术的转变，"信息经济"开始向"互联网经济"转变。2008 年，OECD 决定退出《信息技术展望》系列并开始制定新的《互联网经济展望》；"互联网经济"一词特指互联网支持或者在互联网上进行的所有经济活动的价值。随着数字技术的快速发展，"互联网经济"又开始向"数字经济"转变。OECD 于 2015 年开始将系列出版物更名为《数字经济展望》，认为围绕数字经济的最大困惑是对其概念定义缺乏一个共识。2018 年，OECD 在《数字经济测度框架》中提出了定义数字经济的新视角，即通过交易的性质来界定一项经济活动是否属于数字经济。如果交易通过电子订购或者电子交付的方式实现，则对应的经济活动属于数字经济，OECD 这种概念界定与数字化的表现形式相一致①。

在 OECD 看来，数字经济是以数字驱动经济增长的模式，即以数字化信息知识为关键生产要素，以现代通信技术为驱动力，依托现代信息网络等数字基础设施，促进数字产品服务创新发展，并将数字技术与传统行业融合，实现数字化和数字转型的经济发展模式（OECD，2014；2016；2017）。从信息经济到互联网经济，从互联网经济到数字经济，充分体现出 OECD 对数字经济的认识经历了一个逐步探索和深化的过程，这一研究过程也体现了数字经济发展的脉络。

联合国贸易和发展会议（UNCTAD）2019 年放弃了每两年发布一次的《信息经济报告》，发布了新的《数字经济报告》。联合国贸易和发展会议（UNCTAD）《2019 年数字经济报告》认为，数字经济是数字驱动型经济，是通过"数字价值链"的价值创造和捕获过程来实现经济增长的经济形态。该报告明确了数字经济报告取代此前发布的信息经济报告。这标志着

---

① 傅莹. 数字经济产业统计分类研究［M］. 中国管理信息化，2022，25（10）.

国际社会对数字经济概念、内涵以及相关经济范式的正式认可，数字经济进入全球规范发展时代。该报告显示，全球数字经济一直由中美两国共同引领。

国际货币基金组织（IMF）将数字经济划分为狭义和广义，狭义上仅指在线平台以及依存于平台的活动，广义上是指使用了数字化数据的活动。这一划分，区分了数字经济和数字部门。"数字部门"指的是经济活动的具体范围，覆盖三大类数字化活动：在线平台、平台化服务、ICT 商品与服务。而"数字经济"，通常表示数字化扩散到从农业到仓储业的经济的各个部门。

2016 年，G20 杭州峰会发布了全球首个由多国领导人共同签署的数字经济政策文件《G20 数字经济发展与合作倡议》，首次将"数字经济"列为 G20 创新增长蓝图中的一项重要议题，提出了目前具有代表性意义的数字经济概念，即"以使用数字化的知识和信息作为关键生产要素、以现代信息网络作为重要载体、以信息通信技术的有效使用作为效率提升和经济结构优化的重要推动力的一系列经济活动"[①]。此后的 G20 峰会，继续延续对数字经济的讨论，在 2019 年 G20 大阪峰会上签署了《大阪数字经济宣言》。

2021 年 5 月 14 日，中国国家统计局第十次常务会议通过了《数字经济及其核心产业统计分类（2021）》文件，基本上沿用了 2016 年 G20 峰会的定义，只是将"以使用数字化的知识和信息作为关键生产要素"进一步凝练为"以数据资源作为关键生产要素"，将数字经济定义为以数据资源作为关键生产要素（以现代信息网络作为重要载体、以信息通信技术的有效使用作为效率提升和经济结构优化的重要推动力的一系列经济活动）。中国信息通信研究院认为，数字经济是将数字技术深入渗透各个领域，实现与实体经济的深度融合，加速经济发展的新型经济形态。

综合学者的研究和各国数字经济实践，至今人们对数字经济概念的界定多种多样，尚未形成一个统一的概念。从狭义角度看，数字经济即信息通信产业；从广义角度看，数字经济是依托互联网基础设施，带来通信技

---

① 二十国集团数字经济发展与合作倡议［EB/OL］. 中国网信网，2016 - 9 - 29.

术和计算机技术的技术融合而形成的一种新的经济形态，数字经济是基于互联网等现代信息技术进行的经济活动的总和。大多数国际组织和政府机构，如经济合作与发展组织、美国经济分析局、澳大利亚统计局（ABS）、二十国集团（G20）、中国国家统计局等，都从广义角度界定数字经济，但研究数字经济的着眼点不同。

经济合作与发展组织（OECD，2014）认为，数字经济是一个由数字技术驱动的、在经济社会领域发生持续数字化转型的生态系统，至少包括大数据、物联网、人工智能和区块链四个组成部分。美国经济分析局（BEA，2016）在借鉴 OECD 定义的基础上，将数字经济界定为三个领域：计算机网络运行相关的数字化基础设施、利用网络进行商业交易的电子商务、数字经济使用者所创造和使用的数字媒体[①]。英国认为用社会生产来表示数字经济更为合理，英国负责研究数字经济的委员会认为：数字经济是人、过程和数字信息技术相互作用从而为社会带来产出的活动[②]。

我国《"十四五"数字经济发展规划》指出，数字经济被认为是继农业经济、工业经济之后的主要经济形态，是以数据资源为关键要素，以现代信息网络为主要载体，以信息通信技术融合应用、全要素数字化转型为重要推动力，促进公平与效率更加统一的新经济形态。

三、数字经济的主要特征

唐·泰普斯科特在其专著《数字经济：网络智能时代的前景与风险》一书中，阐述了数字经济具有的 12 个特征，即知识驱动、数字化、虚拟化、分子化、集成/互联工作、去中介化、聚合、创新、消费者也是生产者、及时、全球化、不一致性[③]。其中，知识驱动、数字化、虚拟化、分子化是从数字技术的角度提炼的，而集成/互联工作、去中介化、聚合、

---

① 潘彪，黄征学. 数字经济概念演变、内涵辨析与规模测度 [N]. 中国经济导刊，2022 - 5 - 20.

② 华理维. 我国数字经济发展促进经济增长的传导路径研究 [J]. 浙江大学博士论文，2021 - 6 - 10.

③ 李长江. 关于数字经济内涵的初步探讨 [J]. 电子政务，2017（9）.

创新则是从数字经济的管理模式创新角度提炼的，消费者也是生产者、及时、全球化、不一致性则从数字经济所带来的效果提炼的①。数字经济的这 12 个特征，在各国数字经济实践中不同程度地有所体现。

从我国数字经济发展实践看，主要凸显以下特征。

1. 数字经济依托于数据产生和发展

数字经济时代，数据是新的生产要素，数字经济依托于数据产生和发展。党的十九届四中全会《中共中央关于坚持和完善中国特色社会主义制度 推进国家治理体系和治理能力现代化若干重大问题的决定》中指出："健全劳动、资本、土地、知识、技术、管理、数据等生产要素由市场评价贡献，按贡献决定报酬的机制。"这是我国对生产要素认识的巨大飞跃和提升。数据资源与传统的生产要素"劳动"和"资本"不同。一方面，数据成为经济活动的基础要素。在移动互联网和人工智能等新技术的快速发展及应用中，产生了海量数据。一切个体、关系被数字化，数据作为一种新的生产要素，打破了传统要素的有限供给约束，数据可以迅猛增长，数据要素具备的各种独特禀赋，如易于共享、复制简单，可实现无限供给，为经济的可持续增长和发展奠定了基础。另一方面，数据也推动了信息产品和服务的跨越创新。数字经济的主要技术基础是云、网、端。云、网、端的硬件设施、操作系统、应用软件，都在不断迭代创新。比如，芯片的迭代速度每经过大约 18 个月，相同面积晶圆上的晶体管数量增加 1 倍，芯片功能提高 1 倍。数据融入电商、金融等领域，不断衍生出数字消费服务；数据融入出行、社保等领域，形成了数字治理模式。

2. 数字经济以数字基础设施为前提和基础

数字基础设施是数字经济发展的基石。2018 年，中央经济工作会议指出，我国现阶段投资需求潜力仍然巨大，要发挥投资关键作用，加大制造业技术改造和设备更新，加快 5G 商用步伐，加强人工智能、工业互联网、物联网等新型基础设施建设②。与传统基础设施相比，数字基础设施包括三个特定的功能：连接、计算和交换，通过这些功能促进网络、技术和实

---

① 熊泽泉. 数字经济与制造业产业融合的机制及影响研究［D］. 华东师范大学博士论文，2021 – 5 – 1.

② 中央经济工作会议透露出的 2019 年经济工作信息［EB/OL］. 新华社，2018 – 12 – 21.

体的相互融合。数字基础设施既具有公共性、共享性、泛在性等共性，更具有融合性、生态性、赋能性等特性。高速、融合、泛在、安全的数字基础设施，是数字经济发展的前提和基础。

3. 数字技术成为经济增长的驱动力

新一轮技术革命的核心是数字技术革命，数字技术革命形成新的数字技术体系。其中，数字技术包括云计算、大数据、物联网、区块链、人工智能等。在这一数字技术体系中，大数据技术为数字资源，云计算技术为数字设备，物联网技术为数字传输，区块链技术为数字信息，人工智能技术为数字智能[1]，五大技术构成了一个整体，成为经济增长的驱动力。数字技术作为最根本的推动力，推进数字经济的发展。通过工业互联网平台，把设备、生产线、工厂、供应商、产品和客户紧密地连接融合起来，形成覆盖软件和硬件、从车间到厂外的数字生态体系，推动整个制造服务体系智能化，实现制造业和服务业之间的融合互动发展。数字技术应用于农业，给农业插上了翅膀，极大提高农业效率和发展质量，催生了数字农业、智慧农业，推动了农业现代化进程。

4. 数字经济具有可持续发展特征

当代，经济的绿色、可持续发展已成为我国经济发展的方向，数字经济正在改变人们的生产和消费习惯。从生产者来说，ICT 技术的运用，更加方便协调各生产环节的资源配置，减少传统生产模式下的无效作业和对资源的无谓占用。对消费者而言，中间环节的缩减，也可以降低对资源的过度消耗。在数字经济时代，物质资源的价值在使用中逐渐被消耗，而数据信息却在共享使用中获得价值。数据信息不仅无限、易得，在共享成本上又极其低廉，这与物质资源的有限性形成鲜明对比。数字经济呈现出可持续发展特征。

5. 数字经济发展具有普惠性

数字经济发展中，把生产、交换、消费和分配等社会再生产的全部环节都融入了数字技术，推动生产与消费、产业间的融合。不但推动传统产业的升级改造，使农业、制造业与服务业三大产业的界限模糊，并促进三

---

[1]　魏中龙. 数字经济的内涵与特征研究［J］. 北京经济管理职业学院学报，2021，36（2）.

大产业相互融合，而且催生多种形态的新型产品、新产业模式和新商业模式。数字经济实践进程中所展现的公开、共赢、合作，充分体现了它的普惠性。数字技术为个人用户、就业、公共服务和经济增长等带来的实惠让更多的人从数字经济中找到发展的机会。随着数字经济的发展，其普惠性特征越来越突出。

第二节 数字经济的统计分类

一、国外对数字经济的统计分类

世界各国虽然高度重视数字经济发展，各大国际组织和官方机构也都对数字经济的统计分类做出努力，经济合作发展组织、欧盟、世界经济论坛、美国经济分析局等机构从不同角度提出评价体系。但目前由于世界上尚无统一的数字经济定义，国外对于数字经济的统计测算方法也有所差异。

1. 经济合作与发展组织（OECD）的统计分类

OECD（2018）认为数字经济是一个动态概念，数字经济活动可以通过交易的性质来界定，即如若采用电子订购或电子交付方式实现交易的经济活动，属于数字经济。该机构设计 ICT 与数字经济统计指标体系，但受限于可获得数据，无法在世界范围内进行数字经济发展规模的对比和分析。2017 年，OECD 提出构建卫星账户的思路和框架，编制 DESA 供给使用表，初步构建了一个可对接 SNA 体系的数字经济卫星账户框架。OECD将数字经济卫星账户核心经济活动分为 6 个不同的经济产业，分别是数字中介平台产业、电子零售商务产业、数字驱动产业、数字内容产业、依赖数字中介平台产业、其他数字业务产业[①]。数字经济卫星账户框架在 2020年进行完善和更新，把设计框架扩展到数字连接、数字使用、数字创新、数字工作、数字社会、数字信任和数字市场开放 7 个维度。总体来看，

① 傅莹. 数字经济产业统计分类研究［J］. 中国管理信息化，2022 – 5.

OECD 从更加广义的角度把数字经济视为一种经济活动。但由于技术的快速变化，这些交易和沟通方式往往会被更新的技术替代，因此数字经济的定义也随之发生变化。

2. 美国经济分析局（BEA）的统计分类

1999 年 10 月，美国统计局把数字经济的统计范围设定为互联网、电子商务、电子化企业和网络交易四大内容。美国经济分析局则主张从狭义的角度来定义数字经济，把数字经济看作主要基于互联网及相关信息通信技术的产业活动。美国经济分析局在其《新兴数字经济》报告中，认为数字经济包括两个方面，即电子商务以及为电子商务提供支持的信息技术产业。2018 年 3 月，美国经济分析局发布了关于数字经济测度的报告，此后，分别在 2019 年 4 月和 2020 年 8 月进行了两次更新。美国经济分析局认为，数字经济包括数字赋能基础设施、电子商务、数字媒体三部分。数字化基础设施包括计算机硬件、计算机软件、通信设备和服务、建筑物、物联网、支持服务 6 个大类。电子商务是通过计算机服务进行网络买卖的交易活动，包括企业与企业之间的电子商务、企业与消费者之间的电子商务、消费者与消费者之间的电子商务 3 个大类[①]。数字媒体包括直接销售数字媒体、免费数字媒体、大数据 3 个大类。数字经济的数字化赋能基础设施中计算机是主体，人们可以通过信息网络的支持，将硬件设施连接到网络，这样就可以进行相互交流，通过计算机的应用推动数字化经济的发展。美国经济分析局发布的数字经济测度报告，目前体现为数值形式，可以对美国数字经济发展水平进行跨时对比分析，成为美国数字经济卫星账户构建的基础之一。

3. 其他统计分类

加拿大统计部门（2019）、澳大利亚国家统计局（2019）将数字经济划分为数字化赋能基础设施、电子商务和数字媒体，其中数字化赋能基础设施包括计算机硬件、计算机软件、通信设备和服务、建筑物、物联网、支持服务等含数字经济基础设施的生产行业；电子商务是指依托互联网平台形成的交易活动，按照交易对象的不同，可以划分为企业与企业之间

---

① 傅莹. 数字经济产业统计分类研究 [J]. 中国管理信息化，2022 - 5.

（B2B）、企业与消费者之间（B2C）、消费者与消费者之间（P2P）的交易；数字媒体则是指区别于传统纸媒或音频，由数字设备产生的内容，包括但不限于付费或免费的数字媒体、大数据或信息等。

二、我国对数字经济的统计分类

中国国家统计局在 2004 年制定了《统计上划分信息相关产业暂行规定》，后又制定了《战略性新兴产业分类》《高技术产业（制造业）分类》《高技术产业（服务业）分类》《新产业、新业态、新商业模式统计分类》《国民经济行业分类（2017）》，这些产业分类中有许多与数字经济紧密关联的行业。2021 年 6 月 3 日，国家统计局发布了《数字经济及其核心产业统计分类（2021）》[①]，标志着我国数字经济统计工作取得了突破性进展。

1. 国家统计局的分类标准[②]

国家统计局将数字经济界定为以数据资源作为关键生产要素、以现代信息网络作为重要载体、以信息通信技术的有效使用作为效率提升和经济结构优化的重要推动力的一系列经济活动。国家统计局提出的数字经济概念与《G20 数字经济发展与合作倡议》提出的数字经济概念比较接近，都强调了数字经济的关键生产要素、重要载体和重要推动力。不同的是，《G20 数字经济发展与合作倡议》把数字化的知识和信息作为关键生产要素，国家统计局把数据资源作为关键生产要素。

2021 年 6 月 3 日，中国国家统计局发布《数字经济及其核心产业统计分类（2021）》，明确数字经济的内涵及产业划分。该统计分类按照数字经济活动，明确了数字经济的基本范围，即包含数字经济核心产业和产业数字化两部分。从而为我国数字经济核算提供了统计标准和范围，为各个省、区、市政府部门，明确数字经济核心产业发展目标提供了强有力的数据支撑。该报告将数字经济产业范围确定为：数字产品制造业、数字产品服务业、数字技术应用业、数字要素驱动业、数字化效率提升业 5 个大类。

---

① 中国国家统计局. 数字经济及其核心产业统计分类（2021）[Z]. 2021 – 6 – 3.
② 国家统计局的现行分类标准参考了中国国家统计局、数字经济及其核心产业统计分类（2021）[Z]. 2021 – 6 – 3.

该分类中的前 4 大类为数字经济核心产业，即数字产业化部分，是指为产业数字化发展提供数字技术、产品、服务、基础设施和解决方案，以及完全依赖于数字技术、数据要素的各类经济活动，主要包括计算机通信和其他电子设备制造业、电信广播电视和卫星传输服务、互联网和相关服务、软件和信息技术服务业等，是数字经济发展的基础。第 5 大类为产业数字化部分，指应用数字技术和数据资源为传统产业带来的产出增加和数字化效率的提升[①]，是数字技术与实体经济的融合。

数字经济核心产业，对应《国民经济行业分类》中的 26 个大类、68 个中类、126 个小类。其中，数字产品制造业包括计算机制造、通信及雷达设备制造、数字媒体设备制造、智能设备制造、电子元器件及设备制造、其他数字产品制造业 6 个中类；数字产品服务业包括数字产品批发、数字产品零售、数字产品租赁、数字产品维修、其他数字产品服务业 5 个中类；数字技术应用业包括软件开发、电信广播电视和卫星传输服务、互联网相关服务、信息技术服务、其他数字技术应用业 5 个中类；数字要素驱动业包括互联网平台、互联网批发零售、互联网金融、数字内容与媒体、信息基础设施建设、数据资源与产权交易、其他数字要素驱动业 7 个中类。

第 5 大类产业数字化部分，对应《国民经济行业分类》中的 91 个大类、431 个中类、1256 个小类，涵盖智慧农业、智能制造、智能交通、智慧物流、数字金融、数字商贸、数字社会、数字政府等数字化应用场景，体现了数字技术已经并将进一步与国民经济各行业产生深度渗透和广泛融合。

2. 中国信通院的分类和测算

2017 年 7 月，中国信通院发布的《中国数字经济发展白皮书（2017）》中采用直接法对中国数字经济的总量进行估算，并用对比法提出数字经济指数（DEI），观测全国数字经济发展状况。该机构把数字经济的范围界定划分为几个阶段：注重数字产业化和产业数字化的"两化"阶段；包含

---

① 中国国家统计局. 数字经济及其核心产业统计分类（2021）国家统计局令第 33 号［Z］. 2021 – 6 – 3.

数字产业化、产业数字化和数字化治理的"三化"阶段；强调数据价值化、数字产业化、产业数字化和数字化治理的"四化"阶段。2017年，中国信息通信研究院提出数字经济指数的概念，并以此分析中国近年来数字经济发展态势和轨迹，更好地预测未来发展趋势，为相关的政策制定提供参考。需要指出的是，数字经济指数为景气指数，包含先行指数、一致指数和滞后指数。在2021年发布的《中国数字经济发展白皮书》中，中国信通院将数字经济划分为数字产业化、产业数字化、数字化治理和数据价值化，鉴于数据的可得性和测算方法的局限性，2021年的测算只包括数字产业化和产业数字化两个部分。

3. 赛迪顾问的分类和测算

2017年11月，赛迪顾问发布《2017中国数字经济指数（DEDI）》白皮书，报告在对数字经济的发展演变和特点进行分析的基础上，将数字经济划分为基础型、资源型、技术型、融合型和服务型，对全国31个省级行政区域进行测算。DEDI兼顾了全国各省的测评和5个维度数字经济分指数的评估，并运用了互联网企业的用户数据，反映数字经济在服务领域的渗透情况，具有一定的创新性，但依然存在无法与国际比较此类指标的共性缺点。

三、数字产业化和产业数字化：数字经济的两个重要组成部分

数字经济主要包括数字产业化和产业数字化两个部分。数字产业化对应的产业部门主要是信息制造业、信息通信业、软件服务业等信息产业部门，还包括基于互联网平台的信息技术服务新业态、新模式。

产业数字化是数字经济的延伸部分，主要指数字技术在现有产业层面的运用，强调把数字技术应用到产品和服务中。具体包括：数字化投入对传统农业、工业、服务业的贡献，提升实体经济生产的效率和质量，推动服务水平的提高。涵盖了智慧农业、智慧制造、智能交通、智慧物流、数字金融、数字商贸、数字社会、数字政府等数字化应用场景。

数字经济发展实践中，数字产业化和产业数字化是互补关系。比如，从制造业来看，数字产品制造业属于"数字产业化"部分，包括计算机制

造、通信及雷达设备制造、数字媒体设备制造、智能设备制造、电子元器件及设备制造和其他数字产品制造业。智能制造属于"产业数字化"部分，主要包括数字化通用专用设备制造、数字化运输设备制造、数字化电气机械器材和仪器仪表制造、其他智能制造。数字产品制造业和智能制造是按照《国民经济行业分类》划分的制造业中数字经济的两个方面，互不交叉，共同构成了制造业中数字经济的全部范围。

第三节　发展数字经济的意义

一、发展数字经济是贯彻落实习近平总书记关于数字经济的重要论述、推进数字强省建设的迫切需要

党的十八大以来，习近平总书记高瞻远瞩，运筹帷幄，在统筹国际国内新形势的基础上，对新时代为何要坚持发展数字经济、新时代如何保持数字经济健康发展以及中国数字经济发展方向及目标等重大问题发表了一系列重要讲话，形成一系列重要论述，勾画出了建设"数字中国"的宏伟蓝图。

习近平总书记关于数字经济的重要论述，为推进数字中国建设，全面建设社会主义现代化国家的宏伟目标指明了前进的方向。到 2025 年，我国数字经济核心产业增加值占国内生产总值比重达到 10%，到 2035 年，力争形成统一公平、竞争有序、成熟完备的数字经济现代市场体系，数字经济发展水平位居世界前列[①]。

山东作为经济大省，在"数字中国"建设中要走在前列。到 2025 年，山东数字强省建设实现重大突破，数字化转型取得显著成效，数字经济与实体经济深度融合发展，整体工作始终处在全国"第一方阵"。[②]

2022 年 5 月 28 日，中国共产党山东省第十二次代表大会报告把数字

---

① 国务院关于印发"十四五"数字经济发展规划的通知（国发〔2021〕29 号）。
② 山东省人民政府关于印发山东省"十四五"数字强省建设规划的通知（鲁政字〔2021〕128 号）。

强省建设作为新时代山东现代化强省建设的重要内容，指出，"培育壮大
数字动能。积极融入数字文明新时代，提升全社会数字化素养和技能，以
数字变革引领全面转型。……加快数字政府、数字社会、智慧城市、数字
乡村建设，推进数字技术全链条、全周期嵌入社会管理服务，打造数字强
省、智慧山东"。①

实现上述目标，就要大力发展数字经济。一方面，发展数字经济能够
推动政治、文化、生态、社会向智能化、数字化方向转型；另一方面，
发展数字经济，能够为解决我国目前发展不平衡不充分的问题提供新的数
字化方案。实现"数字中国"和数字强省目标，需要逐步实施计划方案，
全面推进。这是深入贯彻落实习近平总书记关于发展数字经济的战略部
署，抢抓新一轮科技革命和产业变革重大机遇，加快建设数字强省的应有
之义。

二、发展数字经济是完整、准确、全面贯彻新发展理念的重要举措

新发展理念阐明了我们党关于发展的根本性、全局性、长远性问题。
创新是引领发展的第一动力，协调是持续健康发展的内在要求，绿色是永
续发展的必要条件和人民对美好生活追求的重要体现，开放是国家繁荣发
展的必由之路，共享是中国特色社会主义的本质要求。坚持创新发展、协
调发展、绿色发展、开放发展、共享发展是关系我国发展全局的一场深刻
变革。大力发展数字经济与新发展理念的要求相一致，是完整、准确、全
面贯彻新发展理念的重要举措。

从创新发展来看，数字经济本身是新技术革命的产物，是一种新的经
济形态，它集中体现了创新的内在要求。数字经济全面体现了信息技术创
新、商业模式创新以及制度创新的要求。一方面，数字经济促使企业创新
能力的提升，数字经济带来了信息搜寻成本的降低，缓解了信息不对称问

---

① 李干杰. 牢记嘱托走在前　勇担使命开新局　为建设新时代社会主义现代化强省而努力
奋斗——在中国共产党山东省第十二次代表大会上的报告［R］. 大众日报，2022－6－10.

题。企业根据消费者的多样化、个性化需求，在产品研发、设计、生产的过程中，也不断推动着业务流程、组织管理和商业模式的变革。数字经济的发展孕育了一大批极具发展潜力的互联网企业，成为激发创新创业的驱动力量。另一方面，数字经济推动产业创新。数字经济不仅创造诸多新业态和新模式，也带动其他产业的技术水平相应提升。同时，数字技术与产业融合互动发展，不断驱动数字农业、数字设备制造业和数字技术服务业的创新升级。可见，数字经济发展的过程，就是创新驱动的过程。

从协调发展来看，数字经济发展中，数据的流通减少了信息流动障碍，加速了技术、资金、人才的合理流动，提高了供需匹配效率，提高了资源配置效率，带来更高水平的企业、行业、产业的协同发展，推动了区域协调发展。同时，数字经济极大地改善了农村社会环境，提高了人力资本水平，互联网的普及也在一定程度上缓解城乡经济发展的不平衡问题，促进了城乡之间的协调发展。

从绿色发展来看，数字经济产业本身就具有低排放、低能耗等特征，有利于环境的改善，推动绿色发展。一方面，云计算、大数据、区块链等数字技术能够帮助企业跟踪资金、提高资源利用效率；3D打印、机器人、能源回收和加工、模块化建造和纳米技术等的应用，能够帮助企业把制造和产品的成本降到最低，直接影响企业的减排技术和对能源的需求。另一方面，数字经济对传统产业进行智能化改造，使得资源利用效率大幅提高，促进了企业的转型升级，进而降低了生产过程中的能源消耗，推动实现减少资源浪费和污染排放量的目标。

从开放发展来看，数字经济本身具有开放性，具备全球一体化的特点。数字经济把空间地理因素对经济活动的制约降到最低，数字经济所带来的新商业模式，能够在更远距离和更大范围之间展开，数字经济发展促使跨境电商成为企业连接国际市场的新通道。同时，数字经济削弱了国际贸易壁垒，信息技术克服了进入国际市场的限制，使发展中国家的中小企业也能够参与全球价值链，直接接触外国市场的客户。发展数字经济，使国际贸易更具灵活性和便利性，极大地降低了信息、沟通、运输成本和不确定性，可促使各国之间进行更便捷的交流，从经济、文化、科技、教育等多个角度提升我国对外开放的水平。

从共享发展来看，数字经济助推全民共享、全面共享和共建共享。数字化方式能有效打破时空阻隔，提高有限资源的普惠化水平，数字经济发展正在让广大群众享受看得见、摸得着的实惠。比如，数字经济发展提高了移动电话普及率、互联网普及率和数字电视普及率，使人们的生活方式更加现代化、更加便捷，有利于贯彻共享的新发展理念。人们可以充分利用数字平台表达自身个性化需求，促使企业生产出更符合人们消费意愿的产品，从而满足社会大众对消费品与服务多样化诉求。同时，加强智慧城市、数字政府和数字社会建设，能更好地提升人民生活品质。发展智慧医疗和在线教育等普惠共享新业态，有助于政府提供更加均等化和优质化的公共服务，提升服务质量①。

三、发展数字经济是推动我国高质量发展的战略抉择

党的十九大报告指出，我国经济已由高速增长阶段转向高质量发展阶段，正处在转变发展方式、优化经济结构、转换增长动力的攻关期，建设现代化经济体系是跨越关口的迫切要求和我国发展的战略目标②。2020年7月30日，中央政治局会议作出新判断：我国已进入高质量发展阶段，发展具有多方面优势和条件，同时发展不平衡不充分问题仍然突出③。进入"十四五"时期，高质量发展是"十四五"时期乃至更长时期我国经济社会发展的主题，关系我国社会主义现代化建设全局。这不只是一个经济要求，而是对经济社会发展方方面面的总要求；不是只对经济发达地区的要求，而是所有地区发展都必须贯彻的要求；不是一时一事的要求，而是必须长期坚持的要求④。

---

①　丛海彬，邵金岭，邹德玲. 数字经济驱动经济高质量发展研究综述 [J]. 郑州轻工业大学学报（社会科学版），2022，23（4）.

②　习近平：决胜全面建成小康社会 夺取新时代中国特色社会主义伟大胜利——在中国共产党第十九次全国代表大会上的报告 [EB/OL]. 新华社，2017–10–27.

③　中共中央政治局召开会议 决定召开十九届五中全会 分析研究当前经济形势和经济工作 中共中央总书记习近平主持会议 [EB/OL]. 新华网，2020–7–30.

④　中共中央宣传部、国家发展和改革委员会. 习近平经济思想学习纲要 [M]. 人民出版社、学习出版社，2022：63.

2022 年 7 月，我国建立数字经济发展部际联席会议制度。数字经济已上升为国家发展战略，成为推动高质量发展的战略抉择。发展数字经济，推动高质量发展主要通过动力变革、质量变革和效率变革来实现。

从动力变革看，通过数字经济对产业的新旧动能转换形成动力变革。一方面，互联网、大数据、云计算等数字经济不断产业化，催生出电子商务、物联网等新产业、新业态、新模式，能够有力地促进传统产业的转型升级，给我国高质量发展带来新的动能。另一方面，数字经济通过与传统产业融合，促进了信息技术的应用，在提升传统产业高科技含量的同时，促进新型经济结构优化升级。数据作为关键的生产要素，数字驱动型创新与变革向新兴技术研发和经济社会均衡发展等各个领域扩展，数字技术成为经济结构转型升级的重要推动力。

从质量变革看，电子通信设备制造业，信息传输、软件和信息技术服务业等数字化产业的快速发展，使得数字化技术不断创新，产生新的经济增长极。一方面，企业通过大数据技术提前获取客户需求，强化需求导向，针对性地设计并生产满足市场及客户需求的产品，引导消费新方式。另一方面，大数据、云计算、智能化等数字技术不断与实体经济深度融合，赋能传统产业提质增效。

从效率变革来看，数字经济的发展、数字信息和数字技术，助力形成新产业、新产品和新业态，将有力改变传统经济的研发与生产流程，打造数字化产业供应链，增强产业的数字化水平。加快发展数字经济，能提高全要素生产率，促进宏观、中观、微观层面的效率全面提升，带动中国经济的健康发展。可见，无论是数字产业化，还是产业数字化，数字经济的快速发展，都是我国实现高质量发展的一个重要途径。

四、是深化供给侧结构性改革的现实路径

从习近平总书记于 2015 年 11 月 10 日首次提出供给侧结构性改革以来，这项改革一直是整个"十三五"时期的主线。进入"十四五"时期，深化供给侧结构性改革依然是经济社会发展的主线。2020 年 12 月，中央经济工作会议强调注重需求侧管理，形成需求牵引供给、供给创造需求的

更高水平动态平衡①。2021年12月，中央经济工作会议强调，重在畅通国内大循环，重在突破供给堵点，重在打通生产、分配、流通、消费各环节。大力发展数字经济，能够推动全产业链数字化贯通，进而推动供给侧与需求侧充分对接、深度融合和均衡发展②。

第一，数字经济通过供给侧数字化和需求侧数字化，能够实现资源最佳配置。快速矫正要素配置扭曲，扩大有效供给和有效需求，提高供给结构对需求变化的适应性和灵活性，更好满足市场的需要，彻底打通产业链、供应链、创新链上的堵点，实现最底端的生产要素与最顶端的最终产品需求相连接，促进经济持续健康发展。

第二，需求是供给的动力与目的，高水平的新供给可以创造新需求、引领新需求、培育新需求。在供给层面，大力发展数字产业和智能制造，数字产业化和产业数字化同时发力，发展以大规模个性化定制、产品全生命周期管理等为代表的服务型制造，牵引新一轮制造业变革，数字化、虚拟化、智能化技术能贯穿产品的全生命周期，柔性化、网络化、个性化生产成为制造模式的新趋势，全球化、服务化、平台化成为产业组织的新方式。数字技术在农业领域的实现与应用，加速形成数字农业、智慧农业等农业发展新模式，推动农业现代化进程。在需求层面，数字经济的发展，也促使数字政府、数字社会建设步伐加快，以需求拉动创新、检验创新，提升数字技术创新能力。电子商务的快速发展，加快和加深了需求侧数字化发展的速度、广度、深度，互联网金融、网络教育、远程医疗、在线娱乐等使人们的生产生活发生了极大改变，提升了人们的生活质量。大力发展数字经济，并促使供给侧数字化和需求侧数字化相结合，实现全产业链各个环节的有机整合，才能优化要素配置，调整经济结构，实现供需结构更高水平的动态平衡。

---

① 注重需求侧管理 推动供给和需求更高水平动态平衡［N］. 光明日报，2021－4－13.
② 从四个环节打通经济循环梗阻［N］. 经济日报，2022－5－12.

第二章

山东数字经济发展总体态势

　　根据中国信通院发布的《中国数字经济发展白皮书》，截至 2021 年，我国数字经济规模已经突破 40 万亿元，占 GDP 总量的 40%，成为稳定经济发展、保持经济大盘的核心力量。我国数字产业化规模为 8.35 万亿元，同比名义增长 11.9%，占数字经济比重为 18.3%，占 GDP 比重为 7.3%，数字产业化发展仍处于"量"的扩张期。我国产业数字化规模达到 37.18 万亿元，同比名义增长 17.2%，占数字经济比重为 81.7%，占 GDP 比重为 32.5%，产业数字化占数字经济比重超八成，成为数字经济发展的主引擎[①]。

　　近年来，山东紧抓数字经济发展机遇，深入贯彻落实省委、省政府加快建设"数字山东"决策部署，高起点谋划、高标准要求、高质量推进，积极布局建设数字基础设施，不断优化数字经济发展环境，着力推动数字产业化、产业数字化，努力做大做强数字经济，取得了显著成效。根据《数字中国发展报告（2021 年）》，山东数字化综合发展水平位居全国第六位。2021 年，山东数字经济占 GDP 的比重超过 43%，数字经济规模居全国第三位[②]，数字经济发展一直处在全国前列并呈现出加快发展态势。

　　[①②]　资料来源：中国信通院发布的《中国数字经济发展报告（2022 年）》。

第一节　山东数字经济发展总体情况

一、数字基础设施不断完善

山东省在持续完善传统数字基础设施的同时，加速推进新型数字基础设施建设，为数字经济的发展奠定基础。在传统基础设施建设方面，"宽带山东"战略深入实施，成果显著。根据《2020 年山东省国民经济和社会发展统计公报》，2000 年山东省（固定）互联网宽带接入用户 3445.6 万户，新增 259.5 万户；移动电话用户 10907.1 万户，增长 1.1%。电话普及率为每百人 119.5 部，比上年增加 0.4 部。2021 年，山东省电话用户总数为 12356.0 万户，其中移动电话用户 11248.5 万户。全省（固定）互联网宽带接入用户 3863.7 万户，增长 12.1%，其中 100 兆（M）以上用户占比达到 97.3%。移动互联网用户 9368.0 万户。固定宽带家庭普及率为 97.5 部/百户。移动基站总数达 60.9 万个。[①]

全面推进交通、能源、水利、市政等传统基础设施数字化改造，其中青岛港集装箱装卸智能化水平领先全国。在新型数字基础设施建设方面，5G 基站建设也在不断推进。数据中心建设加快推进，全省建成标准机柜 14.6 万个，国家超级计算济南中心、青岛海洋超算中心的运算速度和水平位于国内前列[②]。建设运营济南浪潮、大陆机电、威海移动等 6 个工业互联网标识解析二级节点[③]。

山东省政府新闻办在展望"十四五"主题系列新闻发布会上指出，"十三五"时期，山东累计开通 5G 基站 5.1 万个，16 市主城区均已实现 5G 网络连续覆盖，136 个县（市、区）实现重点城区连续覆盖。"宽带山东"战略深入实施，青岛、烟台、威海等九市获评"宽带中国"示范城

---

①② 山东省统计局、国家统计局山东调查总队. 2021 年山东省国民经济和社会发展统计公报［EB/OL］. 山东省统计局官网，2022 - 3 - 2.

③ "十三五"山东"数字经济"成绩单：总量突破 3 万亿元，年均增速超过 30%［EB/OL］. 齐鲁网，2021 - 3 - 10.

市。所有城区、行政村实现 100% 光纤覆盖。移动通信网络不断完善，行政村 4G 网络覆盖率达到 100%[①]。

2021 年，山东大数据、工业互联网等新型基础设施建设扎实推进，建成并开通 5G 基站 10.1 万个，建设省级工业互联网平台 115 个，"上云用云"企业超过 35 万家[②]。

二、数字经济实力不断增强

2020 年，山东省数字经济总量突破 3 万亿元，占 GDP 比重超过 41%，"十三五"期间年均增速近 20%，成为带动全省经济持续增长的重要动力。中国信通院《中国区域与城市数字经济发展报告（2020 年）》显示，2019 年山东省数字经济竞争力指数为 76.46，全国排名第六位。2020 年，工信部公布《支撑疫情防控和复工复产复课大数据产品和解决方案名单》，共有 94 个产品和解决方案上榜，山东省有 7 个项目列入，数量列北京、浙江之后，排名第三。以海尔为例，在新冠疫情暴发之初，第一时间行动起来，两天时间研发上线新冠疫情医疗物资信息共享资源汇聚平台。新冠疫情发生初期，山西没有一条口罩生产线，就向海尔卡奥斯平台求援。卡奥斯第一时间整合机械设备、生产原材料、智慧采购、智慧医疗等业务力量，提供了全流程的解决方案，48 小时为山西侯马市上线该省首条全自动医用口罩生产线，使山西迅速拥有了生产口罩的完整产业链。

根据《2020 年山东省国民经济和社会发展统计公报》，2020 年，山东省电信业务总量 7200.1 亿元，增长 24.4%（见表 2 - 1），电信业务基础支撑作用不断提升。骨干企业实力不断增强，根据中国电子信息行业联合会发布的 2021 年度电子信息企业竞争力报告及前百家企业名单，山东省有四家企业进入 2021 年电子信息竞争力百家企业榜单，分别是海尔集团公司、海信集团控股有限公司和浪潮集团有限公司、歌尔股份有限公司。

---

① 山东举行展望"十四五"主题系列新闻发布会（第三场）[EB/OL]. 国务院新闻办公室网站，2021 - 2 - 22.

② 山东省统计局、国家统计局山东调查总队. 2021 年山东省国民经济和社会发展统计公报 [EB/OL]. 山东省统计局官网，2022 - 3 - 2.

三、数字经济核心产业稳步提升

近年来，山东省数字经济核心产业持续走强，成为新旧动能转换的重要引擎。2021年，软件业务收入7970.4亿元，增长29.3%[①]，拥有济南中国软件名城、青岛中国软件特色名城，海尔、海信、浪潮、东方电子、中创等企业入围全国软件百强；海尔集团连续12年蝉联全球大型家用电器品牌零售量第一名，浪潮集团服务器销量全国第一、全球第三，歌尔股份公司微型麦克风、微型扬声器、中高端虚拟现实产品市场占有率居国际同行业之首；互联网行业发展势头渐盛，电子商务、网络视听等领域创新活跃，山东开创、海看网络、世纪开元等企业进入全国互联网百强[②]。

表2-1　　　　　　　2015~2020年山东省数字产业收入　　　　单位：亿元

数字产业	2015年	2016年	2017年	2018年	2019年	2020年
电信业务总量	1253.12	863.38	1494.76	3651.92	5786.61	7200.07
软件业务收入	3719.95	4261.08	4233.14	4949.35	5494.34	5911.88
电子信息制造业收入	6518.35	5769.76	5525.60	3477.5	2859.41	3318.91

资料来源：电信业务总量和电子信息制造业收入来自（2016~2021年）《山东统计年鉴》，软件业务收入来自（2016~2021年）《中国统计年鉴》。

四、数字赋能智能制造成效显著

根据国家工业信息安全发展研究中心评估结果，2020年，山东两化融合发展水平得分为62.4，全国排名第二。海尔卡奥斯、浪潮云洲连续入选国家跨行业跨领域平台，并培育建成一批在全国具有一定影响力的行业平台，全省约15%的规模以上企业已应用工业互联网。智能制造方面，信息

[①②] 2021年山东省国民经济和社会发展统计公报山东省统计局国家统计局山东调查总队[EB/OL]. 齐鲁网，2022-3-1；2021年，山东光电子器件、半导体分立器件、集成电路、工业机器人等高端智能产品产量分别增长73.1%、34.6%、65.2%和38.7%。

化与工业化融合发展水平在全国排名第二,规模以上工业企业数字化设备联网率达到 51.4%、关键工序数控化率达到 55.7%[①]。

第四届数字中国建设峰会发布《数字中国建设发展报告(2020 年)》显示,山东产业数字化水平位居全国第三位,并形成了一批"制造业、服务业、农业数字化转型试点示范和标杆"。可见,山东产业数字化发展成效显著,山东省数字技术、产品、服务正在加速向各行各业融合渗透,对其他产业产出增长和效率提升的拉动作用不断增强。

山东全方位推进制造企业数字化转型,深入实施智能化绿色化技改工程、工业互联网"个十百"工程,培育省级工业互联网平台 115 个[②],海尔卡奥斯、浪潮云洲连续入选国家跨行业跨领域平台。山东半岛工业互联网示范区成为工信部批复的全国第二个示范区,济南—青岛人工智能创新应用先导区加快建设。深入开展"云行齐鲁"活动,上云用云企业达 35 万家。培育"现代优势产业集群 + 人工智能"、5G 试点示范项目 603 个,新应用新模式新业态不断涌现。[③]

五、数字农业体系建设不断深化

近年来,山东省加快推进数字农业标准化建设,着力构建数字农业发展智库,促进科技创新研发、推进数字农业教育培训,让"慧"农服务更惠农。目前,山东省已认定各类智慧农业应用基地 232 个,建设运营益农信息社 7 万家、行政村覆盖率超过 95%;在全国率先开展现代化海洋牧场建设综合试点,建设省级以上海洋牧场示范区 120 处,其中国家级海洋牧场示范区 54 处,占全国的 39.7%[④]。全球首座大型全潜式深海渔业养殖装备"深蓝 1 号"、国内首座深远海智能化坐底式网箱"长鲸 1 号"启用,实现了深远海养殖生态化、自动化、信息化和智能化。

---

① 山东省人民政府关于印发山东省"十四五"数字强省建设规划的通知.

② 2021 年山东省国民经济和社会发展统计公报 [EB/OL]. 齐鲁网,2022 - 3 - 1.

③ 2021 年山东省国民经济和社会发展统计公报 [EB/OL]. 山东省人民政府网,2022 - 3 - 1.

④ 山东举行新闻发布会介绍"十四五"时期加快建设数字强省的重点任务和举措 [EB/OL]. 山东省人民政府网,2021 - 3 - 11.

六、服务业数字化水平快速提升

新零售、"宅经济"等新业态和新模式实现较快速度增长。2020年，全省实现网络零售额 4613 亿元，同比增长 13.8%。其中，实物商品网上零售额 4043.4 亿元，占社会消费品零售总额比重接近 14%。网络零售店铺从"十三五"初期的 70.7 万家增至 171.2 万家，县、乡、村三级服务站点电商服务覆盖率超过 70%，淘宝村、淘宝镇分别达到 598 个、134 个，占全国 11%；全国农产品电商销售 50 强县山东占 10 席，位列全国第一。培育国家级电子商务示范基地 11 个，国家电商进农村综合示范县 26 个，省级电子商务示范县 50 个，"山东省电商小镇"22 个，多元化电子商务示范体系初步成型。2021 年，新产业新业态新商业模式继续增长，多式联运和运输代理业、互联网和相关服务、研究和试验发展、科技推广和应用服务业营业收入分别增长 88.0%、24.4%、26.9% 和 37.2%。智能消费快速增长，限额以上可穿戴智能设备、智能家电、智能手机零售额分别增长 21.1%、26.0% 和 64.6%。线上消费更为突出，实现网上零售额 5409.1 亿元，比上年增长 17.8%。其中，实物商品网上零售额 4763.3 亿元，增长 16.5%；占社会消费品零售总额的比重为 14.1%，比上年提高 0.3 个百分点；拉动社会消费品零售总额增长 2.5 个百分点，比上年提高 0.5 个百分点[1]。

七、数字经济发展环境持续优化

山东省不断优化数字经济发展环境，先后出台《山东省支持数字经济发展的意见》《山东省数字基础设施建设的指导意见》《山东省推进工业大数据发展的实施方案》《山东省"十四五"数字强省建设规划》《关于大力推进"现代优势产业集群＋人工智能"的指导意见》《关于加快5G产业发展的实施意见》《关于加快推进新型智慧城市建设的指导意见》《山东省数字乡村发展战略实施意见》等一系列政策文件，从制度层面初

---

[1] 2021 年山东省国民经济和社会发展统计公报［EB/OL］. 山东人民政府网，2022 - 3 - 2.

步搭建起数字山东建设的"四梁八柱",从"数字山东"到"数字强省",数字变革创新正在为山东数字经济发展注入新的活力,政策引领效应逐步显现。

从推动数字经济发展的实践看,2018 年,山东省委、省政府将新一代信息技术列为全省"十强"产业之一。2019 年 9 月,全面部署数字山东建设,印发了《数字山东发展规划(2018—2022 年)》《数字经济园区(试点)建设行动方案》,利用三年时间集中打造一批数字经济产业集聚区。2021 年 4 月发布的《数字山东 2021 行动方案》,围绕加快建设整体高效的数字政府、大力发展融合创新的数字经济、着力构建智慧便民的数字社会、逐步塑强支撑有力的数字基础设施四个方面,持续推进数字山东建设。积极推进数据中心布局建设,全省建成标准机架数量超过 10 万个,国家超级计算济南中心运算速度和水平位于国内前列。建成济南浪潮、大陆机电、威海移动等 6 个工业域名标识解析二级节点①。实施"数聚赋能"行动,加快数据汇聚开放应用,推动成立山东数据交易公司,加快打造数据流通生态体系。

与此同时,法规标准体系不断健全,大数据地方立法加快推进,出台《山东省电子政务和政务数据管理办法》《山东省健康医疗大数据管理办法》等政府规章。实施数字山东标准提升工程,加快标准制修订工作,发布地方标准 200 多项。加快构建全层级、多维度、立体化的网络安全防护体系,定期开展"鲁数网安"攻防演练,安全防控能力明显提升。

第二节 山东数字经济与全国部分省域的比较

一、总体情况

中国信息通信研究院发布的《中国数字经济发展白皮书》显示,2020

---

① 山东省政府新闻办召开"展望'十四五'"主题系列新闻发布会:"十三五"山东"数字经济"成绩单:总量突破 3 万亿元,年均增速超过 30%[EB/OL]. 齐鲁网, 2021 - 3 - 10.

年各地区数字经济发展水平基本延续前几年发展态势，经济发展水平较高的省份，数字经济发展水平也较高。2020 年，山东是 13 个数字经济规模超过 1 万亿元的省份之一（2019 年增加了山东）。13 个省份除山东以外，还包括广东、江苏、浙江、上海、北京、福建、湖北、四川、河南、河北、湖南、安徽，另有 8 个省份数字经济规模超过 5000 亿元，分别为重庆、辽宁、江西、陕西、广西、天津、云南、贵州等。

二、数字基础设施比较

我们使用赛迪顾问股份有限公司发布的《中国数字经济发展指数（DEDI）》，进行数字基础设施比较。DEDI 通过基础、产业、融合、环境 4 个一级指标、10 个二级指标、41 个三级指标，对全国 31 个省（自治区、直辖市）的数字经济发展情况进行评估，利用统计方法将其进行合成计算后得出了代表数字经济发展水平的指数。具体计算方法是，首先对指标数据进行无量纲化处理，指标权重的确定采取专家打分法，指数的计算采用加权平均法。

数字基础设施是指数字经济发展所要求的互联网建设及普及情况，主要包括传统数字经济基础设施和新型数字经济基础设施。其中，传统数字经济基础设施包括互联网宽带接入端口密度、移动电话普及率、网页数和域名数；新型数字经济基础设施包括 5G 基站建设规模、IPv6 比例和数据中心招标数量（见图 2-1）。

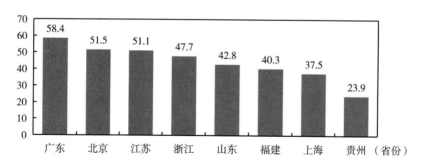

图 2-1　2019 年数字经济基础设施建设指标排名
资料来源：赛迪顾问《中国数字经济发展指数（DEDI）》。

从图 2-1 可见，在基础设施指标排名中，山东位列第五，与其数字经济发展总体排名相同。从内部结构看，山东传统数字基建在全国排名第六，新型数字基建排名第七，反映出山东数字基础设施发展总体较为均衡，但是在新型基建方面仍有较大发展潜力。

三、数字产业化比较

数字产业化主要体现为计算机、信息、通信技术产业的发展。数字产业化是数字经济发展的先导，为数字经济发展提供技术、产品服务和解决方案，为产业数字化发展奠定基础。按照赛迪顾问发布的《中国数字经济发展指数（DEDI）》的排名（见图 2-2），山东在数字产业化发展方面位居全国第六。虽然这一排名与山东数字经济发展总体排名相一致，但是从数字产业指标的具体数值来看，山东省在数字产业化方面相对落后。

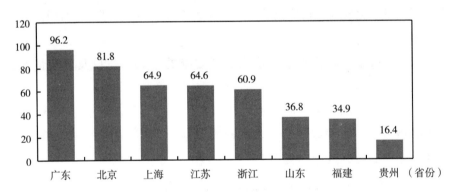

图 2-2　2019 年数字经济产业指标排名

资料来源：赛迪顾问《中国数字经济发展指数（DEDI）》。

从互联网百强企业数量看。中国互联网协会等机构联合发布的《2020年中国互联网企业 100 强发展报告》显示，山东仅有 3 家互联网企业进入了百强名单（见图 2-3）。与此同时，北京有 38 家互联网企业入选了百强榜单，上海和广东分别有 18 家和 13 家互联网百强企业上榜，江苏和福建各有 6 家企业入围，浙江有 4 家企业上榜。除福建外，排名前五的省市与数字经济发展指数排名中位居全国前五的地区是重合的。

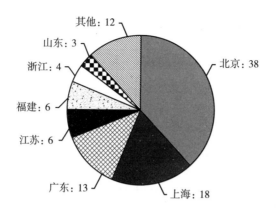

图 2 - 3 各省互联网百强企业数（家）
资料来源：中国互联网协会《中国互联网企业综合实力研究报告（2020）》。

从软件业务收入增长看，根据工信部《2020 年软件和信息技术服务业统计公报》，山东软件业务收入在全国排第 6 位，低于北京、广东、江苏、浙江、上海（见图 2 -4）。

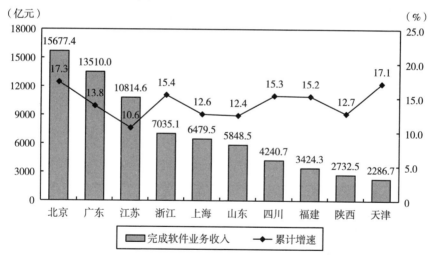

图 2 - 4 2020 年前十位省市软件业务收入增长情况
资料来源：《2020 年软件和信息技术服务业统计公报》。

从电信业务总量看，电信行业是数字经济发展的基础支撑。国家统计局数据显示，各省电信业务总量对于各省 GDP 的贡献，除了贵州高达 23.11%，其余省份相差不大。贵州电信业务发展较快主要得力于大型数据中心的建设。山东的电信业务对于 GDP 的贡献在这些省份中处于中上游

（见图 2 - 5），电信业务已经步入成熟阶段。

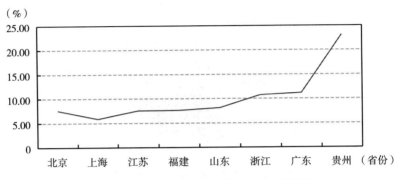

图 2 - 5 2019 年电信业务总量占 GDP 比重

资料来源：国家统计局网站。

四、产业数字化比较

产业数字化是数字经济发展的主阵地，实体经济是产业数字化的落脚点。产业数字化主要分为三部分，包括工业数字化、服务业数字化和农业数字化。根据赛迪顾问股份有限公司发布的《中国数字经济发展指数（DEDI)》（见图 2 - 6），产业数字化发展靠前的省份有浙江、江苏、广东、山东等，这些省份都是经济大省，实体经济占比较大。山东省的产业数字化发展具有相对优势，近年来数字经济发展重点也是推进产业数字化发展。

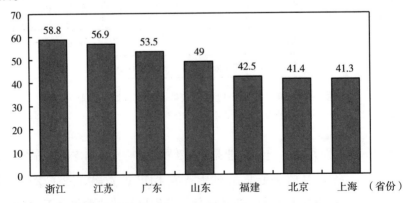

图 2 - 6 2019 年数字经济融合指标排名前七位的地区

资料来源：赛迪顾问《中国数字经济发展指数（DEDI)》。

五、数字生态比较

北京大学大数据分析与应用技术国家工程实验室联合多家单位发布的《数字生态指数2021》报告（以下简称《报告》）①，全面刻画了我国各地数字生态现状。《报告》由数字基础、数字能力和数字应用构成数字生态理论框架，具体由总指数和23项分指数构成，涉及2020年全国31个省级行政区（不包含港澳台地区）以及300余个重点城市。《报告》总结了四型联动的中国省级数字生态梯队，包括全面领先型、赶超壮大型、发展成长型，以及蓄势突破型，四个梯队在指数得分上呈现均值递减趋势。

《报告》认为，北京、广东、上海、浙江、江苏属于全面领先型。这一组已经基本实现省内小循环的理想数字生态，总指数位居国内前列，分指数也齐头并进。山东处在赶超壮大型范围，这一范围内还有福建、天津、湖北、四川、安徽、重庆、河南、陕西、贵州，这些省域已经构建了一定的数字生态基础，但在部分维度还有较大的发展空间。江西、广西、河北、湖南、山西、海南、辽宁、吉林、黑龙江、云南属于发展成长型。该类型省份普遍进入了数字生态发展的成长期。内蒙古、宁夏、甘肃、青海、新疆、西藏属于蓄势突破型。

《报告》还显示，中国的城市数字生态形成了中心城市优势领跑、临近城市稳步跟随、周边城市活力初现的发展格局。按照中国城市级数字生态指数和3个一级指标（数字基础、数字能力和数字应用），得分前十的为：北京、上海、深圳、杭州、广州、武汉、成都、重庆、南京、天津。山东省数字经济发展最好的济南、青岛、烟台，均未进入前十。可见，山东省城市数字生态也要加快构建。

---

① 北京大学大数据分析与应用技术国家工程实验室发布《数字生态指数2021》。

第三节　济南、青岛数字经济与全国
其他副省级城市的比较

一、软件和信息技术服务业比较

数字产业化是数字经济发展的基础，软件和信息技术服务业是数字经济发展水平的体现。济南、青岛作为山东数字经济发展集中度较高的城市，也是数字经济发展较为典型、能发挥龙头作用的城市。

从可对比的数据看，信息和工业化部公布的 2021 年前三个季度数据，能够进行典型的副省级城市之间的比较。济南、青岛软件和信息技术服务业的发展与全国副省级城市有一定差距。

从企业个数看，青岛软件和信息技术服务业企业 1848 个、济南 1978 个，均少于南京（4040 个）、广州（2379 个）、深圳（2080 个），杭州企业个数虽少，只有 941 个，但是软件业务收入、软件产品收入和信息服务收入都很可观，企业发展质量较高①。相比而言，青岛嵌入式系统软件收入低于深圳，但高于其他几个副省级城市；济南软件产品收入低于南京，高于深圳、杭州，和广州相当（详见图 2 - 7 至图 2 - 12）。对比表明，济南和青岛发展数字经济几项产业较均衡，与其他城市相比，有相关产业基础，也有地域特色，但更有较大发展空间。

二、软件业务收入比较

近年来，虽然济南、青岛两市的软件业务收入和软件产品收入在增长，但截至 2021 年前三季度，与南京、杭州、深圳、广州相比，仍有明显差距。

---

① 2021 年前三季度副省级城市软件和信息技术服务业主要经济指标完成情况表 [EB/OL]. 中华人民共和国工业和信息化部网，2021 - 10 - 22.

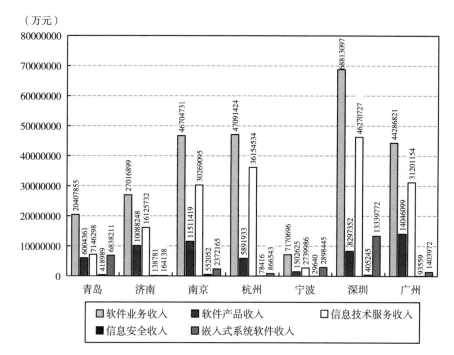

图 2 - 7　2021 年前三季度山东、江苏、浙江、广东副省级城市软件业主要指标对比

资料来源：2021 年前三季度副省级城市软件和信息技术服务业主要经济指标完成情况表［EB/OL］. 中华人民共和国工业和信息化部网，2021 - 10 - 22.

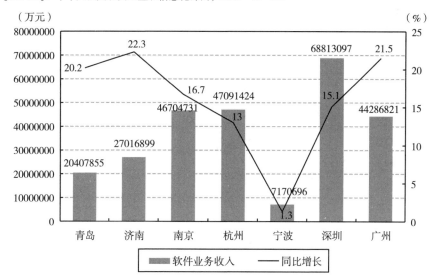

图 2 - 8　2021 年前三季度山东、江苏、浙江、广东副省级城市软件业收入对比

资料来源：2021 年前三季度副省级城市软件和信息技术服务业主要经济指标完成情况表［EB/OL］. 中华人民共和国工业和信息化部网，2021 - 10 - 22.

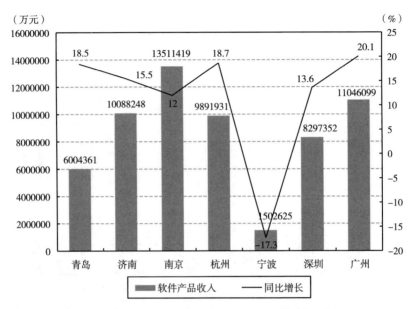

图 2 - 9　2021 年前三季度山东、江苏、浙江、广东副省级城市软件产品收入对比

资料来源：2021 年前三季度副省级城市软件和信息技术服务业主要经济指标完成情况表 [EB/OL]．中华人民共和国工业和信息化部网，2021 - 10 - 22.

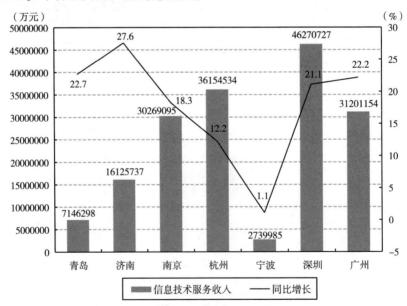

**图 2 - 10　2021 年前三季度山东、江苏、浙江、广东副省级城市
信息技术服务收入对比**

资料来源：2021 年前三季度副省级城市软件和信息技术服务业主要经济指标完成情况表 [EB/OL]．中华人民共和国工业和信息化部网，2021 - 10 - 22.

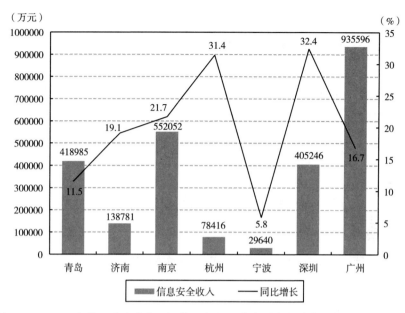

图 2 – 11　2021 年前三季度山东、江苏、浙江、广东副省级城市信息安全收入对比

资料来源：2021 年前三季度副省级城市软件和信息技术服务业主要经济指标完成情况表 [EB/OL]．中华人民共和国工业和信息化部网，2021 – 10 – 22．

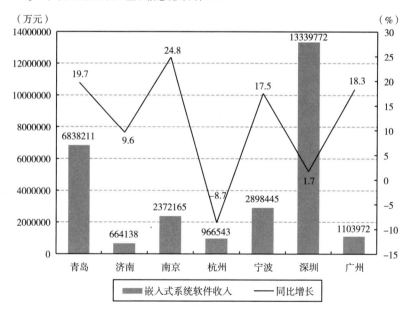

图 2 – 12　2021 年前三季度山东、江苏、浙江、广东副省级城市 嵌入式系统软件收入对比

资料来源：2021 年前三季度副省级城市软件和信息技术服务业主要经济指标完成情况表 [EB/OL]．中华人民共和国工业和信息化部网，2021 – 10 – 22．

三、信息技术服务收入比较

在信息技术服务收入方面，几个副省级城市之间的差距更为明显。并且，在信息安全收入和嵌入式系统软件收入方面，济南与青岛之间有明显差距，这与两市信息技术产业构成和发展水平直接相关。

第四节　山东省域内数字经济发展比较 *

一、国内外数字经济综合评价方法借鉴

（一）国外已有的综合评价方法

21 世纪以来，许多国家和国际组织都对数字经济测度进行了持续探索研究，其中以经济合作与发展组织（OECD）、欧盟等国际组织以及美国等发达国家为主要代表。

经济合作与发展组织（OECD）于 2014 年建立了一套系统的数字经济指标体系。在其官方出版物《衡量数字经济——一个新的视角》（*Measuring the Digital Economy：A New Perspective*）中，数字经济指标体系涵盖了具有国际可比较性的 38 个指标，运用大量数据、图表对指标进行全面对比分析，充分展现了主要国家数字经济的发展水平。但是并未选取固定的样本国家进行全面的数据采集，也没有汇集成总的指标，未对世界各国的数字经济发展情况作出对比和评价。

欧盟从 2014 年起发布《欧盟数字经济与社会报告》和《数字经济与社会指数》（Digital Economy and Society Index，DESI），描述欧盟成员国数字经济的发展情况及面临的挑战。欧盟委员会发布的《2020 数字经济与社会指数（DESI）结果》，跟踪了成员国整体数字性能及其在 5 个主要领域

---

* 本章节内容根据本书作者主笔的省部级课题《山东省数字经济发展问题研究》报告整理而成。

（连通性、数字技能、个人使用互联网、企业对数字技术的集成以及数字公共服务）的进展，包括5个方面31个二级指标。其大部分指标数据来源于欧盟家庭ICT调查、企业ICT调查等专项统计调查，具有充分的研究积累和数据支撑。欧盟有大量相关的调查、统计研究，拥有良好的研究基础。

2016年，美国商务部数字经济咨询委员会（DEBA）在《数字经济委员会第一份报告》中提出衡量数字经济的四部分框架：一是各经济领域的数字化程度，如企业、行业和家庭等；二是经济活动和产出中数字化的影响，如搜索成本、消费者剩余和供应链效率等；三是实际GDP和生产率等经济指标的复合影响；四是监测新出现的数字化领域。美国商务部是采用直接统计或估算一定区域内数字经济规模体量的方法，即通过对美国数字经济范围的界定、分析数字化对经济的影响路径来测算数字经济的规模、影响。其估算过程分三个步骤：首先，建立对数字经济概念性的解释；其次，在供给—使用的框架下，确认哪些货物和服务是和衡量数字经济相关的；最后，利用供给—使用框架，识别出生产货物和服务的相关行业，并估算相关经济活动中的产出、增加值、雇用情况、补贴以及其他因素。

（二）国内已有的综合评价方法

中国在数字经济发展测度方面的起步较晚。近年来，国内很多研究机构、企业和地方政府快速反应，在数字经济测度方面进行了积极的探索，取得了一系列研究成果，有代表性的方法如下文所列。

中国信息通信研究院从2015年开始发布《中国信息经济研究报告》，至2021年发布《中国数字经济发展白皮书》，已连续七年发布我国数字经济发展情况的报告，测算结果被广泛引用。其中，2017年发布的《中国数字经济发展白皮书（2017）》，采用直接法对中国数字经济的总量进行估算，并用对比法提出数字经济指数（DEI），观测全国数字经济发展状况。该指数的突出特点在于，它可以反映不同的经济景气状态，属于景气指数。该指数指标分类包括云计算服务市场规模等7个先行指标，ICT主营业务收入等10个一致指标，第一产业增加值等4个滞后指标。这一指数指标体系的构建较为完善，衡量的内容广泛，和我国国情及发展状况相一致。2019年，该机构发布《中国数字经济发展白皮书（2019）》，将数字经济总量分为数字产业化及产业数字化两部分内容。2020年发布的《中国数字经济发展白皮书（2020年）》，首次提出了数字产业化、产业数字化、数字化治理、数据价值化的"四化"数字经济框架。赛迪顾问自2017年开始发布中国数字经济发展指数（DEDI）。在分析数字经济发展演变和特点的基础上，将数字经济划分为基础型、资源型、技术型、融合型和服务型，对全国31个省级行政区域的数字经济发展水平进行测算。2021年4月，赛迪顾问发布的《中国数字经济发展指数白皮书》，在指标评价体系设定上，打造了"4+3+N"指标体系，指标设定全面覆盖数字经济内涵构成、数字经济发展要素、数字经济民众参与程度三大方面。以2017年第四季度为对比基期，考量8项一级指标、55项二级指标，动态反映中国数字经济发展进程。"4+3+N"指标体系中，"4"是指指标体系由4部分构成，分别是数字基础、数字产业、数字融合和数字治理；"3"是指有3个构成要素，分别是主体活力、资本热力和创新动力；"N"是指有N种民众参与。

2017年12月，上海社会科学院首次发布《全球数字经济竞争力指数（2017）》，将数字经济分为主体产业部分和融合应用部分。该指数构建了由数字设施、数字产业、数字创新、数字治理四个维度构成的全球数字经济竞争力分析模型，主要采用对比法，通过大规模采集和分析全球120多个国家和地区的数字经济发展数据，形成综合性及多维度的评价。

另外，新华三公司发布了数字经济指数，这是我国第一个测算评价城市的指标体系，具体指标包括城市信息基础等4个一级指标，以及信息基础设施在内的12个二级指标。该指数的缺点是忽略了每个城市数字经济发展的差异性，因此根据该评估体系做出来的评估结果对于每个城市而言没有横向对比性。从2015年起，腾讯联合京东、滴滴等机构，构建了中国"互联网+"数字指数，测算了国内31个省份共351个城市"互联网+"数字经济的发展落实情况。该指数采用对比法，下设基础、产业、创新创业、智慧民生4个分指数，共涵盖14个一级指标、135个二级指标，内容涉及社交、新闻、视频、云计算、三次产业的17个主要子行业，基于移动互联的创新创业、智慧民生等。该指数依靠互联网企业数据，直观反映我国互联网发展的优缺点，数据获取较为方便，易于实时更新，具有较强的时效性和准确性。不足之处在于，该指数虽然指标数量巨大，但只是涉及互联网企业，没有全面完整地体现我国数字经济的发展现状，缺少基础设施建设及传统产业转型升级等方面的研究。财新智库等机构于 2017 年编制并发布了中国数字经济指数（china digital economy index，CDEI）。该指数包括产业指数、融合指数、溢出指数和基础设施指数四个方面的内容，涵盖了大数据产业、智慧供应链等 27 类二级指标。该指数侧重于数字经济对我国社会生产效率提升的作用研究，但未能完整反映我国数字经济发展运行情况。2016 年，华为推出全球联接指数（GCI），旨在通过四大经济要素（供给、需求、体验、潜力）和五大使能技术（宽带、数据中心、云计算、大数据和物联网），共 40 个细分指标，对其所研究的 50 个经济体进行评估、分析、预测，力求全面、客观量化其数字经济转型的进程。

从进入省域政策层面看，2018 年 12 月，浙江省率先印发了《浙江省数字经济发展综合评价办法（试行）》，指标体系分基础设施、数字产业化、产业数字化、新业态新模式和政府与社会数字化五大类，形成由网络基础设施、数字网络普及、创新能力、质量效益、产业数字化投入、产业数字化应用、电子商务、数字金融、数字民生和数字政府 10 个一级指标和 30 个二级指标构成的评价指标体系，对全省各地区数字经济发展情况进行评价。

综上所述，学界和政府部门对数字经济的测度方法一般分两类：一是绝对量法，即在界定范围之下，统计或估算出一定区域内数字经济的规模体量。如中国信息通信研究院就采用了该方法，数字经济规模的测算框架包括数字产业化部分和产业数字化部分两大部分。其中，数字产业化的规模是将电子信息制造业、基础电信业、互联网行业、软件服务业的增加值直接加总；产业数字化部分的计算思路是，利用投入产出表把不同传统产业产出中数字技术的贡献部分剥离出来，再加总得到传统产业中的数字经济总量。二是相对量法，即基于多个维度的指标，对不同地区间的数字经济发展情况进行评价或对比，得到数字经济发展的相对情况。如 OECD、赛迪顾问等大多数研究机构采用了这种方法。总之，由于对数字经济认识上侧重点不同，再考虑到数据的可得性，不同研究者采用的评价方法及评价指标体系构成存在较大差异，这些研究有一个共性就是"新"，大多是近几年的研究。随着数字经济的发展，理论和实践研究尚需深入。

二、构建数字经济综合评价指标体系

本书采用相对量法，通过构建多维度的评价指标体系，从整体和不同侧面反映数字经济的发展情况。

（一）指标体系的设计原则

1. 科学性

一是指标设计应体现系统性整体性特征。根据数字经济的内涵特征和发展阶段，从多角度构建评价指标体系，全面反映数字经济发展水平。二是指标体系的设置应体现指标间的内在逻辑，体现数字经济的内在结构特点。三是与政府部门公布的分类标准保持一致。2021 年 6 月，国家统计局公布了《数字经济及其核心产业统计分类（2021）》，为我国开展数字经济核心产业的核算工作提供了统一可比的统计标准、口径和范围。2021 年 10 月，山东省工业和信息化厅、山东省统计局、山东省广播电视局、山东省通信管理局联合发布了《山东省数字经济核心产业分类统计监测指标》，为测算山东省数字经济核心产业提供了统一的口径。

2. 权威性

指标数据以官方数据或专业机构数据为准，可以通过查阅统计年鉴、政府部门或权威研究机构发布的资料，保证评价指标的计算口径一致，数据真实、可靠和有效。

3. 可行性

指标体系应具有可操作性，数字经济系统内部结构复杂，应多角度全方位地设置衡量数字经济发展程度的指标，但指标数量的多少不是衡量指标体系好坏的标准，在构建数字经济发展综合评价指标体系时，应力求简单明了，充分考虑数据的可得性。

（二）数字经济综合评价指标体系的内容

本书研究所确定的数字经济发展水平评价指标体系，主要用于山东省及 16 市数字经济发展水平的评价，也可用于与其他省份的对比分析。从数字基础设施、数字产业化、产业数字化、数字化环境四个方面构建数字经济发展综合评价指标体系。设置 4 个一级指标，11 个二级指标、33 个三级指标。其中，数字基础设施分为传统数字基础设施和新型数字基础设施两部分，尤其要反映云、网、端等新型基础设施的建设情况；数字产业化主要反映数字核心技术的产业化发展水平，分为产业发展和主体活力两部分；产业数字化主要反映数字技术与传统产业融合发展的程度，分别从工业、农业、服务业三个领域观察；数字化环境设置了出台政策文件数、开放数据数量和数据应用数量三个二级指标。指标体系如表 2 - 2 所示。

表 2 - 2　　　　　　　山东省数字经济发展水平评价指标体系

一级指标	二级指标	三级指标
数字基础设施	传统数字基础设施	4G 用户数（万户）
		互联网宽带接入用户总数（万户）
	新型数字基础设施	5G 基站数（个）
		IPv6 地址占比（%）
		数据中心数量（个）
		数字基础设施投入（万元）
数字产业化	规模效益	规模以上计算机、通信和其他电子设备制造业营业收入（亿元）
		规模以上计算机、通信和其他电子设备制造业利润总额（亿元）
		规模以上信息传输、软件和信息技术服务业营业收入（亿元）
		规模以上信息传输、软件和信息技术服务业利润总额（亿元）
	主体活力	规模以上计算机、通信和其他电子设备制造业企业数（个）
		规模以上计算机、通信和其他电子设备制造业从业人员数（万人）
		规模以上信息传输、软件和信息技术服务业企业数（个）
		规模以上信息传输、软件和信息技术服务业就业人数（万人）
		ICT 领域主板上市企业数量（个）
		互联网百强企业数量（个）
		独角兽企业数量（个）
	创新能力	数字核心产业研发投入规模（亿元）
		数字技术有效发明专利数（个）

续表

一级指标	二级指标	三级指标
产业数字化	工业数字化	两化融合指数
		企业拥有网站数（个）
		拥有电子商务交易活动的企业比重（%）
		企业电子商务销售额（万元）
		企业电子商务采购额（万元）
		企业上云率（%）
	农业数字化	农村网络零售额（万元）
		数字农业农村创新项目数量（个）
	服务业数字化	电子商务交易总额（亿元）
		网络零售额占社会消费品零售总额的比重（%）
数字化环境	政策文件	出台促进数字经济发展的文件（个）
	数据开放	已开放数据目录数（个）
	数据应用	数据创新应用成果数（个）
		政务服务线上办理率（%）

三、山东省数字经济发展水平综合评价

1. 数据来源

16 市指标数据，主要来自 2020 年《山东省统计年鉴》、2020 年山东省 16 市统计年鉴、山东省大数据网站、山东省工信厅网站和部分数据库等。只有一部分地市发布了 2021 年统计年鉴，大部分地市 2020 年的数据不全，为保持数据口径一致，仍采用了 2019 年的数据进行分析。部分指标因数据缺失或数据不全，未纳入分析过程。

2. 综合评价方法

采用熵值法对数字经济发展水平进行综合评价。熵值法是一种在综合考虑各因素提供的信息量的基础上计算一个综合指标的数学方法。作为一种客观、综合确定权重的方法，根据各指标传递给决策者的信息量大小来确定权重，能更为客观准确地反映数字经济各评价指标所含的信息量。

评价步骤：第一步，对指标进行标准化处理，消除各评价指标计量单

位的影响，计算无量纲化值；第二步，确定各指标的权重，本研究采用SPSSAU 软件进行指标熵权的计算；第三步，对各指标的无量纲值进行加权平均，得到综合评价结果。

3. 山东省"十三五"期间数字经济部分指标动态描述

表 2-3 列出了"十三五"期间山东省各年度部分数字经济发展指标的具体数值，从中可以看出，山东省数字经济发展不管是在基础设施建设、核心产业还是融合应用等方面都有较快增长，规模以上企业的创新支撑力也有较快增长。

表 2-3　　　　　山东省"十三五"期间数字经济主要指标动态描述

指标	2015 年	2016 年	2017 年	2018 年	2019 年	2020 年	年均增长（%）
4G 移动电话用户数（亿户）	0.2259	0.4647	0.6243	0.7294	0.8113	0.8450	30.19
互联网宽带接入端口数（万个）	4003.35	4680.02	5596.91	6312.27	6915.23	—	14.64
移动互联网接入流量（万 GB）	17936.58	39890	118818.1	383441.08	647314.58	857508.76	116.72
宽带接入用户数（万户）	1980.82	2366.53	2588.74	2884.82	3186.1	3445.62	11.71
居民家庭宽带接入户数（万户）	1739.65	2031.88	2278.57	2613.07	2883.1	3094.36	12.21
IPv4 地址数（万个）	410.52	410.52	1656.27	1657.34	1658.16	1665.87	32.33
软件业务收入（亿元）	3719.99	4261.08	4233.14	4949.35	5494.34	5911.88	9.71
软件业务收入 - 软件产品收入（亿元）	1391.59	1561.04	1599.88	1689.72	2091.48	2064.31	8.21
软件业务收入 - 信息技术服务收入（亿元）	1624.46	1891.26	1884.33	2115.26	2360.83	2636.55	10.17
软件业务收入 - 嵌入式系统软件收入（亿元）	703.9	808.79	748.94	995.86	866.82	1042.44	8.17

续表

指标	2015 年	2016 年	2017 年	2018 年	2019 年	2020 年	年均增长（%）
出口额（美元）－软件和信息技术服务业（亿美元）	13.9927	18.9789	24.0015	7.0953	14	9.1687	－8.11
规模以上工业企业发明专利申请数（件）	19621	22769	28448	31329	21948	27413	6.92
规模以上工业企业有效发明专利数（件）	33785	45917	56076	63496	67896	78926	18.49
社会消费品零售总额（亿元）	21550.95	23482.07	25527.94	27480.30	29251.20	29248.05	6.30
网上零售总额（亿元）	1266.16	1722.40	2539.30	3513.56	4109	4613.28	29.51

注：GB 的全称是吉比特。

资料来源：《山东省统计年鉴》。

4. 山东省 16 市数字经济发展水平的综合评价结果

从表 2－4 和图 2－13 可以看出，青岛和济南两市数字经济发展水平在 16 市中具有绝对优势，尤其是青岛的优势更为明显。

表 2－4 　　　　山东省 16 市数字经济发展水平综合评价得分（2019 年）

城市	基础设施	数字产业化	产业数字化	数字化环境	合计
青岛	0.48	55.32	26.80	1.01	83.61
济南	0.51	45.48	10.56	1.28	57.83
烟台	0.26	39.65	9.37	1.77	51.05
潍坊	0.22	24.13	7.13	0.10	31.58
威海	0.39	21.93	2.53	1.83	26.68
淄博	0.24	7.86	7.18	0.82	16.10
济宁	0.11	7.54	1.88	3.13	12.66
临沂	0.07	5.30	3.75	1.58	10.70
东营	0.43	3.28	4.39	0.77	8.87
菏泽	0.04	2.40	3.10	0.23	5.77
泰安	0.07	2.78	1.13	0.96	4.94

续表

城市	基础设施	数字产业化	产业数字化	数字化环境	合计
德州	0.08	2.71	1.71	0.31	4.81
滨州	0.27	1.35	2.41	0.60	4.63
日照	0.12	2.85	0.85	0.44	4.26
聊城	0.06	1.10	1.96	0.32	3.44
枣庄	0.18	0.54	1.01	0.59	2.32
合计	136.12	97.79	113.10	128.99	476.00

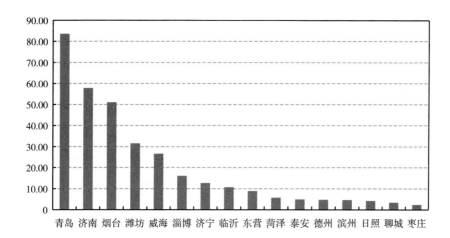

图 2-13　全省 16 市数字经济发展水平综合评价得分

表 2-5 是山东省 16 市数字经济核心产业发展情况的对比。从中可以看出各地规模以上计算机、通信和电子制造业与规模以上信息传输、软件和信息服务业，在产业规模和效益、市场主体和从业人员方面的差异。

表 2-5　山东省 16 市数字经济核心产业主要指标数值（2019 年）

分类	济南	青岛	淄博	枣庄	东营	烟台	潍坊	济宁
规模以上计算机、通信和其他电子设备制造业营业收入（亿元）	561.85	619.18	29.99	3.19	10.05	845.48	383.14	46.50
规模以上计算机、通信和其他电子设备制造业利润总额（亿元）	15.05	32.11	2.80	0.28	4.06	20.17	14.95	3.72

分类	济南	青岛	淄博	枣庄	东营	烟台	潍坊	济宁
规模以上计算机、通信和其他电子设备制造业企业数（个）	65	117	25	6	4	75	42	20
规模以上计算机、通信和其他电子设备制造业从业人员数（万人）	1.36	4.28	0.49	0.12	0.13	6.46	4.35	0.74
规模以上信息传输、软件和信息技术服务业营业收入（亿元）	353.54	379.30	73.27	7.18	46.58	114.38	71.56	71.83
规模以上信息传输、软件和信息技术服务业利润总额（亿元）	29.64	54.12	8.78	—	3.13	12.56	15.04	14.62
规模以上信息传输、软件和信息技术服务业企业数（个）	211	179	32	—	23	49	29	31
规模以上信息传输、软件和信息技术服务业就业人数（万人）	6.9	2.3	1.6	0.3	0.4	1.2	1	0.4

分类	泰安	威海	日照	临沂	德州	聊城	滨州	菏泽
规模以上计算机、通信和其他电子设备制造业营业收入（亿元）	7.90	250.74	27.73	11.23	43.58	3.06	9.58	11.18
规模以上计算机、通信和其他电子设备制造业利润总额（亿元）	-0.98	17.98	1.31	-0.80	1.31	-0.30	0.25	0.25
规模以上计算机、通信和其他电子设备制造业企业数（个）	11	87	13	20	12	5	14	8
规模以上计算机、通信和其他电子设备制造业从业人员数（万人）	0.16	3.98	0.52	0.41	0.28	0.07	0.12	0.17
规模以上信息传输、软件和信息技术服务业营业收入（亿元）	58.91	30.69	24.85	73.80	27.06	31.08	24.56	—

续表

分类	泰安	威海	日照	临沂	德州	聊城	滨州	菏泽
规模以上信息传输、软件和信息技术服务业利润总额（亿元）	7.01	—	3.62	20.57	3.43	6.37	3.22	—
规模以上信息传输、软件和信息技术服务业企业数（个）	17	16	17	12	12	10	9	7
规模以上信息传输、软件和信息技术服务业就业人数（万人）	0.5	0.4	0.2	0.6	0.4	0.3	0.3	0.4

5. 主要结论

第一，"十三五"期间，山东省数字经济发展总体呈增长趋势。其中，数字基础设施增长较快，对数字经济发展贡献最大。

第二，产业数字化发展快于数字产业化发展，数字化产品和服务的质量效益亟须加强。

第三，数字经济核心产业中，软件业发展快于数字产品制造业发展，数字产品制造业亟须加强。

第四，数字经济发展在16市之间发展很不平衡。青岛、济南、烟台三市发展较为突出，而菏泽、泰安、德州、滨州、日照、聊城、枣庄等市总体上差距较大。

第三章

山东数字产业化发展现状

　　数字产业化是数字经济发展的先导产业，为数字经济发展提供技术、产品、服务和解决方案等，具体包括电子信息制造业、电信业、软件和信息技术服务业、互联网行业等。数字产业化是数字经济发展的基础和动力源泉。习近平总书记提出，"要发展数字经济，加快推动数字产业化，依靠信息技术创新驱动，不断催生新产业新业态新模式，用新动能推动新发展。"① 当前，大数据、云计算、人工智能、物联网、区块链等新一代信息技术已实现重大突破，并处于爆发式增长期，数字产业化的作用机理及实现路径正日益显现。

第一节　数字产业化的作用机理及实现路径

一、数字产业化的实质和基本特征

（一）数字产业化及其实质

　　数字产业化是数字经济发展的先导产业，为数字经济发展提供技术、产品、服务和解决方案等，具体包括电子信息制造业、电信业、软件和信

---

　　① 习近平：自主创新推进网络强国建设［EB/OL］. 新华网，2018－4－21.

息技术服务业、互联网行业等。数字产业化的主体部分是电子信息设备制造业、电信业、软件业和信息技术服务，互联网是其中很小的一部分。现实生活中，拼多多可以说是中国互联网发展最快的企业之一。事实上，拼多多依托于微信，微信又依托于互联网，没有互联网就没有微信，而互联网又依托于电信网络，没有电信网络，就没有互联网。由此可见，电信业、软件业、电子信息设备制造业非常重要。

随着大数据等新一代信息技术的发展应用，以数字技术、数字内容等产业为核心的数字化产业体系逐渐形成。由此，以信息产业领域为基础的产业转型发展，构成了数字产业化的核心内容。从数字产业化的具体构成来看，它包括但不限于5G、集成电路、软件、人工智能、大数据、云计算、区块链等技术、产品及服务。比如，5G对数据进行了融合，发挥了数据作为生产要素的作用。工业互联网底层是收集数据，中间是通过平台建立模型，把数据进行分析后再将分析的结果上传到工业App。因此，5G在工业上的应用前景非常广阔。数字产业化揭示了生产要素从实体资源到数据和知识等基于技术的虚拟资源的转换过程。提升基础通信设备和关键软件等产业的技术水平，培育大数据、人工智能等新一代信息技术支撑的基础性数字产业，开发基于先进通信技术的新型电子商务商业应用场景，也成为推动数字产业化的重要方式。

数字产业化是信息技术创新驱动过程，是数字技术通过赋能传统产业发展来实现自身产业化的过程。数字产业化体现的是信息技术的创新能力，依靠信息技术创新驱动，实现突破性技术创新，推动产业转型升级。

党的十九大报告明确提出，要瞄准世界科技前沿，强化基础研究，突出关键共性技术、前沿引领技术、现代工程技术、颠覆性技术创新[1]。克莱顿·克里斯坦森（Clayton M. Christensen，2010）最早在《创新者的窘境》一书中指出：突破性技术创新是通过创造一个新的市场和价值网络而打破现有的市场及价值网络，并取代现有市场中领先企业和产品的技术创新。从数字产业化角度，我们认为，依靠信息技术创新驱动，实现突破性

---

① 习近平在中国共产党第十九次全国代表大会上的报告. 决胜全面建成小康社会　夺取新时代中国特色社会主义伟大胜利［EB/OL］. 人民网，2017－10－28.

技术创新，是跨越原有技术轨道，针对潜在市场进行颠覆式技术研发，并对现有市场竞争格局和产业结构形态产生根本性影响的技术创新。

（二）数字产业化的基本特征

1. 突出的技术颠覆性

突破性技术创新一旦出现，将形成对主流技术的技术路线根本性替代与颠覆。渐进性技术创新则是对现有主流技术的工艺、产品、服务的局部或一定程度的替代。

2. 对基础科学或通用技术的强依赖性

依靠信息技术实现突破性技术创新，往往依赖于基础科学理论的突破，以及通用性技术的路径的改变。

3. 不确定性和难预测性

一般技术创新是根据现有市场主流用户需求的变化，对现有技术进行调整、改进的结果；而依靠信息技术突破性技术创新，则是针对潜在或未来市场需求对现有技术的根本性创新，因而具有较大的不确定性和难以预测性，较高的市场风险与收益预期。

4. 对产业的关联带动作用较大

相对渐进性创新，依靠信息技术实现突破性技术创新，对产业的外溢、渗透作用更加突出，从而对产业转型升级的带动作用也更突出、更显著，有时甚至会引发整个国家产业体系的根本性变革和跨越式升级。

二、数字产业化的作用机理

1. 技术跃迁效应

依靠信息技术实现突破性技术创新，往往创造出新的技术轨道和经济范式，对现有技术轨道造成颠覆式冲击。实现技术轨道的跃迁，并进而形成新的产业技术轨道，实现技术跨越。

2. "技术—市场"的协同驱动效应

通过信息技术实现突破性技术创新，不仅能够更好地满足现有市场中的用户需求，还能进一步激发潜在市场，满足更多用户更高层次的需求，实现技术、市场两大子系统的协同共振，引发新的技术变革与产业升级。

3. 技术创新扩散渗透效应

通过运用信息技术，突破性技术创新一旦形成，并在产品应用和市场需求方面得到认可后，便会在产业间不断扩散开来。与一般技术不同的是，这种突破性技术成果的扩散会波及更多行业乃至整个产业体系，将引领、带动整个国家产业体系的根本性变革与升级。

4. 技术集群效应

一项突破性技术创新的出现不是孤立的，它会衍生出系列一般性技术，形成技术创新及成果的"蜂聚"效应，在多个技术领域出现创新集群，由此将带来产业的集聚式或集群式升级。

数字产业化的作用机理，在人工智能发展过程中充分体现出来。人工智能作为引领新一轮科技革命和产业变革的战略性技术，具有溢出带动性很强的"头雁"效应。在移动互联网、大数据、超级计算、传感网、脑科学等新理论新技术的驱动下，人工智能加速发展，呈现出深度学习、跨界融合、人机协同、群智开放、自主操控等新特征，正在对经济发展、社会进步、国际政治经济格局等方面产生重大而深远的影响。

三、数字产业化的实现路径

1. 拓展产业边界、加速产业融合

依靠信息技术实现突破性技术创新及成果扩散和应用，会衍生许多新产业、新业态，由此拓展了现有产业的边界，并引发不同产业之间边界的模糊，促进产业融合。

2. 推动传统产业根本性改造升级

数字产业化成果通过向传统产业渗透、外溢，促进传统产业发生深刻改观甚至是根本性变化，实现产业转型升级。

3. 推动产业链重构与价值链升级

从微观载体看，数字产业化提升企业新产品、新工艺研制开发能力，显著提升企业价值创造能力。从产业层面看，数字产业化带动产业价值链重构，促进整个价值链升级。

4. 提升要素生产率

数字产业化促使突破性技术不断向更多经济部门扩散、渗透，改造提升资本、劳动等传统生产要素，提升其配置和使用效率。数字产业化往往会生发新的更高端生产要素，文化创意、品牌、标准、数据、智能等，从而提高要素生产率。同时，数字产业化促进产业组织结构、制造模式、运营方式、商业模式等的深刻变革，促进要素生产率的提升。

数字产业化实践中已有很多企业探索成功。比如，阿里云。阿里云创立于 2009 年，致力于以在线公共服务的方式，提供安全、可靠的计算和数据处理能力，让计算和人工智能成为普惠科技。阿里云现已成为全球领先的云计算及人工智能科技公司，是服务了制造、金融、政务、交通、医疗、电信、能源等众多领域的领军企业，包括中国联通、12306、中石化、中石油、飞利浦、华大基因等大型企业客户，以及微博、知乎、锤子科技等明星互联网公司。在天猫"双 11"全球狂欢节、12306 春运购票等应用场景中，阿里云被人们熟知，体验其带来的现代数字科技的智慧。

第二节　山东数字产业化发展成效

一、数字产业化发展概况

总体上看，山东省数字产业化水平稳步提升。2021 年，新一代信息技术增长 17.1%，光电子器件、半导体分立器件、集成电路、工业机器人等高端智能产品产量分别增长 73.1%、34.6%、65.2% 和 38.7%，软件业务收入 7970.4 亿元，增长 29.3%[①]。

山东拥有济南中国软件名城、青岛中国软件特色名城，海尔、海信、浪潮、东方电子、中创等企业入围全国软件百强；海尔集团连续 12 年蝉联全球大型家用电器品牌零售量第一名，浪潮集团服务器销量全国第一、全

---

① 2021 年山东省国民经济和社会发展统计公报 [EB/OL]. 山东统计局官网，2022 – 3 – 2.

球第三，歌尔股份公司微型麦克风、微型扬声器、中高端虚拟现实产品市场占有率居国际同行业之首；互联网行业发展势头渐盛，电子商务、网络视听等领域创新活跃，山东开创、海看网络、世纪开元等企业进入全国互联网百强。

二、产业规模持续扩大

近年来，山东省数字经济核心产业持续走强，成为新旧动能转换的重要引擎。2020 年软件业务收入达 5848.5 亿元，电子信息制造业营业收入达 3676.3 亿元[①]。2021 年，数字经济核心产业继续增长，且发展势头渐盛，电子商务、网络视听等领域创新活跃，工业互联网走在全国前列。

根据赛迪研究院的报告，2020 年山东省数字产业化水平高于全国平均值，排名第六（见图 3-1）。但山东省数字产业发展水平与全国前 5 名的省份还有较大差距，处在第二梯队的领先位置（见表 3-1）。

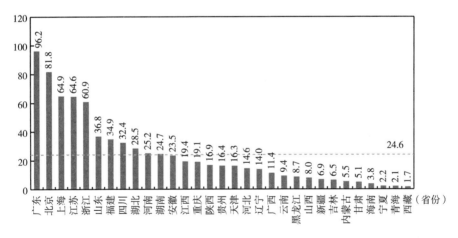

图 3-1　2020 年我国 31 个省份数字经济核心产业发展指数排名

资料来源：赛迪《2020 中国数字经济发展指数 DEDI》。

---

① 山东省"十四五"数字强省建设规划发布 [EB/OL]. 山东省人民政府网, 2021 - 8 - 19.

表 3 - 1	2020 年我国 31 个省份数字产业规模分类
梯　队	省　份
第一梯队	广东 江苏 浙江 北京 上海
第二梯队	山东 四川 河南 福建 安徽 河北 重庆 湖南 江西 湖北
第三梯队	陕西 广西 天津 辽宁 贵州 云南 山西 新疆 内蒙古 黑龙江
第四梯队	吉林 甘肃 海南 宁夏 青海 西藏

资料来源：赛迪《2020 中国数字经济发展指数 DEDI》。

三、产业集聚效应初步形成

山东省拥有济南、青岛两座中国软件名城，济南市是国内第二座"中国软件名城"，青岛市于 2019 年底成功争创全国第五个"中国软件特色名城"，两市软件产业规模占全省的 94.1%。拥有齐鲁软件园、青岛软件园两个国家级产业园区，19 个省级软件园区，为产业发展提供了有力支撑。国家 15 大"双跨"（跨行业跨领域）平台，山东省占两席，海尔位居榜首、浪潮列第八位。省级工业互联网平台 115 个，山东半岛工业互联网示范区成为工信部批复的全国第二个示范区[①]。青岛的智能家电产品、济南的软件和高端计算产品、烟台的计算机及网络产品、威海的计算机外设产品、潍坊的电声器件产品、淄博的电子元器件产品成为重要的产业名片。集成电路、大数据、云计算、高端软件、智能家居、虚拟现实、量子科技和北斗卫星导航、工业互联网等特色优势产业集群，朝着千亿级产业方向迈进。

四、产业主体不断壮大

近年来，山东大力发展大数据、云计算、人工智能、区块链等新技术、新应用、新业态、新模式。扎实开展省级数字经济园区和平台建设，评选出两批共 50 个省级示范园区和成长型园区及 27 个入库园区，首批省

---

① 山东举行展望"十四五"主题系列新闻发布会（第三场）［EB/OL］. 山东省人民政府新闻办公室，2021 - 2 - 22.

级数字经济园区主营业务收入 6000 亿元，15 个大数据产业项目入选国家大数据产业发展试点示范项目名单，数量位居全国第二。实施数字经济"万人百企"培育活动，支持省级园区孵化 100 个左右创业团队，为园区免费培训 2 万名左右技术工人①。

"十三五"期间，山东省数字经济核心产业对数字经济的带动作用不断增加。其中，2020 年全省软件业务收入达 5848.5 亿元，同比增长 12.4%，跻身国内第一梯队。拥有中国软件名城数量并列国内第一，海尔、海信、浪潮、东方电子、中创等企业入围全国软件百强。电子信息制造业主营业务收入实现 3676.3 亿元，同比增长 14.1%。海尔集团连续 11 年蝉联全球大型家用电器品牌零售量第一名，浪潮集团服务器销量中国第一、全球第三，歌尔股份微型麦克风、微型扬声器、中高端虚拟现实产品市场占有率居国际同行业之首。互联网行业发展势头渐盛，电子商务、网络视听等领域创新活跃，山东开创、海看网络、世纪开元等企业进入全国互联网百强。电信业基础支撑作用不断增强，电信业务总量超过 7200 亿元②。

山东涌现出很多数字产业化企业。在笔者的调研中，对声学龙头企业——歌尔股份有限公司的印象较深。歌尔股份有限公司成立于 2001 年，是全球布局的科技创新型企业，2008 年在深圳交易所上市，主要从事声学、光学、微电子、精密结构件等精密零组件，虚拟/增强现实、智能耳机、智能穿戴、智能家居等智能硬件，以及高端装备等产品的研发、制造与销售。歌尔的微型扬声器、麦克风、虚拟/增强现实出货量全球第一，精密模具智能制造生产线加工精度可达正负 1 微米。2020 年营业收入 577.43 亿元，同比增长 64.29%；净利润 28.48 亿元，同比增长 122.41%；2021 年前三季度营业收入 527.89 亿元，同比增长 52.00%，净利润 33.33 亿元，同比增长 65.28%。歌尔持续重视研发创新，每年营收的 6% 投入研发，连续 6 年夺得中国电子元件百强研发实力榜单冠军。歌尔与美国斯坦福大学、麻省理工学院、日本东北大学、清华大学、浙江大学、中科院等

①② 山东举行新闻发布会介绍"十四五"时期加快建设数字强省的重点任务和举措 [EB/OL]. 山东省政府网，2021-3-11.

知名高校和科研机构开展产学研合作，建立了全球化研发体系。至今，歌尔已累计申请专利25000余项，其中包括发明专利12000余项，PCT专利3000余项，专利授权量超过15000项[①]。现阶段，物联网、人工智能、5G技术日益融合发展，酝酿着万亿级市场机会。歌尔紧抓数字经济发展机遇，加快布局新一代电子信息技术、人工智能、高端装备等战略新兴产业。歌尔所在的地方被外界誉为一座盛产"隐形冠军"的潍坊市，在2021年工信部遴选全国共340家单项冠军示范企业名单中，潍坊国家单项冠军、省级单项冠军和隐形冠军企业数量均居山东省首位（山东位居全国第一）。在数字产业化领域，山东需要一大批在核心技术中持续深耕的企业，成为专精特新"小巨人""隐形冠军"，通过产业联盟在产业发展中发挥引领作用，需要更多的企业解决数字产业化领域中诸多"卡脖子"问题。

笔者在青岛市即墨区调研，即墨区聚焦工业赋能，发展数字产业。集成电路产业已落地重点企业7家，惠科生产的6英寸晶圆半导体填补了全省集成电路产业空白，月产芯片由2020年的2万片提升到3万片，被央视《新闻联播》报道。在即墨区，人工智能产业已聚集重点企业10家，"影创即墨"智能眼镜显示芯片和镜片实现量产，成为我国第一条、世界第三条混合现实智能眼镜显示芯片和镜片量产线[②]。即墨被工信部确定为全国唯一的"互联网＋中小企业"创新发展示范区。

在青岛港，一天转运7万余个集装箱，平均一秒一个，能够精准装卸，靠的是"工业之眼"。位于潍坊市的山东富锐光学科技有限公司为业内巨擘"点睛"，富锐光学致力于激光雷达前沿技术的开发和应用，设备视觉误差在±2厘米，角度误差不超过0.014度，广泛应用于智能仓储、智能机器人、智能交通、智能监控等领域，实现了进口替代[③]。车间内，AGV无人叉车头部、叉车"手臂"各安装一台激光雷达，就能行走自如，国内每年这样的无人叉车需求量在3万台左右。

在山东港口集团日照港的顺岸开放式全自动化集装箱码头，中国电信日照分公司与日照港合作，在5G定制网无人驾驶项目上持续赋能，实现

---

① 资料来源于2022年7月笔者在潍坊市对歌尔的实地调研。
② 数据来源于2021年7月笔者在青岛市即墨区的实地调研。
③ 2021年7月笔者在潍坊市对山东富锐光学科技有限公司进行了实地调研。

了重卡的精准驾驶路线和精准停车以及吊臂对集装箱的精准定位和运输，大幅提升了码头的自动化装卸效率[1]。

山东发展数字经济，实施了"云行齐鲁·工赋山东"专项行动，打造了5G全连接工厂和全场景数字经济园区。通过深化"5G+工业互联网"融合应用，实现生产制造企业各生产要素的全面互联、数据实时采集、数据价值挖掘利用，为企业生产经营提供数字化、网络化、智能化的综合解决方案，促进企业生产全要素数字化转型升级。

数字产业化发展，使海尔、海信、浪潮、歌尔等入围全国电子百强。在互联网行业，浪潮、海看网络、世纪开元入围2020年中国互联网综合实力百强。2020年我国ICT领域主板上市企业、互联网百强企业、独角兽企业中，山东省的企业数量处在第七位。

根据赛迪研究院的研究报告，2020年山东省数字产业主体指标高于全国平均值，处在第二梯队（见表3-2）。

表3-2   2020年我国31个省份数字产业主体分类

梯 队	省 份
第一梯队	北京 广东 上海 浙江 江苏
第二梯队	福建 山东 湖北 四川 湖南 安徽 贵州 江西 天津 河南
第三梯队	陕西 辽宁 重庆 黑龙江 河北 吉林 广西 新疆 甘肃 青海
第四梯队	山西 西藏 云南 海南 内蒙古 宁夏

资料来源：赛迪《2020中国数字经济发展指数DEDI》。

第三节 山东数字产业化发展存在的主要问题

一、总体描述

根据第四届数字中国建设峰会发布《数字中国建设发展报告（2020年）》的评估结果，山东信息化发展总体水平位居全国第七位，在新型智

---

[1] 王志、孙晓辉. 夯实算力"底座"构筑数字经济发展新优势 [J]. 经济参考报，2022 (6).

慧城市和数字基础设施体系建设、信息产业核心赛道科研攻关以及数字化转型试点示范等方面走在全国前列。该报告显示，山东产业数字化水平位居全国第三位，但是数字产业化未进入全国前十。因此，数字产业化是我省数字经济发展的薄弱环节。

实践中，数字产业化表现为数字经济核心产业。推动数字产业化进一步发展，山东省还存在着一些短板。主要体现在数字经济核心产业区域发展不平衡，数字经济核心产业企业数量少、规模小，缺乏数字经济领域新兴业态的平台型龙头企业，全国大数据领域 83 家独角兽企业，山东省无一家上榜；数字人才特别是高端数字人才供应不足，培养的人才数量远不能满足数字企业用人需求，数字产业化发展中的关键要素保障不够，数字经济发展营商环境有待改善。

二、与数字经济发达省份有较大差距

山东省计算机、通信和其他电子设备制造业的主营业务收入以及信息传输、软件和信息技术服务业营业收入，与广东、江苏均有较大差距。从数字经济核心产业增加值占 GDP 比重看，2020 年，山东省数字经济核心产业增加值占 GDP 比重仅为 4.8%，比全国平均水平低 3 个百分点，分别比北京、浙江低 16.3、6.1 个百分点，广东 2019 年占比就已达到 12.7%。从数字经济核心产业的具体构成看，2020 年，山东软件业务收入 5848.5 亿元，电子信息制造业营业收入 3676.3 亿元；而江苏 2020 年电子信息产品制造业业务收入则达到 2.87 万亿元，软件和信息服务业业务收入 1.08 万亿元，山东数字经济核心产业规模与江苏省差距较大。从增速看，2020 年，山东软件业务收入同比增长 12.4%，电子信息制造业主营业务收入同比增长 14.1%；而安徽 2020 年电子信息规上工业营业收入同比增长 25.2%，利润总额同比增长 42%，增长势头强劲①。

鉴于 2021 年秋季查阅到统计年鉴中的最新数据为 2019 年，因此，本书对比 2015~2019 年的发展数据，也能反映出山东省数字经济核心产业发

---

① 资料来源：《2020 年软件和信息技术服务业统计公报》。

展短板问题。

　　2019 年山东省规模以上计算机、通信和其他电子设备制造业的主营业务收入较 2015 年呈现下滑态势，与广东、江苏及浙江的差距有加大态势。2019 年规模以上信息传输、软件和信息技术服务业营业收入较 2015 年有所上升，但增速也显著低于广东、江苏及浙江（见图 3－2 和图 3－3）。

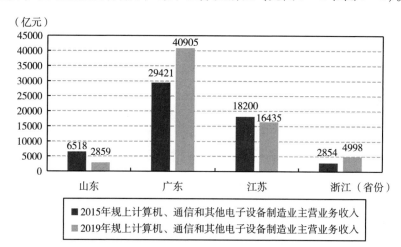

图 3－2　2015 年和 2019 年山东、江苏、浙江、广东四省电子设备制造业主营业务收入对比

资料来源：山东、广东、江苏、浙江 2016 年和 2020 年统计年鉴。

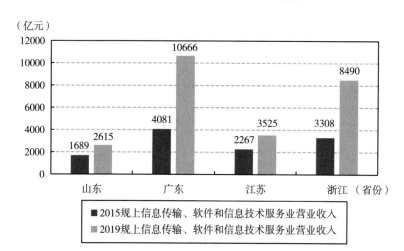

图 3－3　2015 年和 2019 年山东、江苏、浙江、广东四省软件服务业营业收入对比

资料来源：山东、广东、江苏、浙江 2016 年和 2020 年统计年鉴。

　　电子设备制造业优势在减弱。从 2015~2019 年，山东省规模以上计算机、通信和其他电子设备制造业的企业数和用工人数都在减少，企业数从 2015 年的 732 家减少到 2019 年的 520 家，用工人数从 2015 年的 35.2 万人减少到 2019 年的 23.6 万人，而同时期，广东、江苏、浙江的企业数和用工人数都高于山东省（见图 3-4 和图 3-5）。

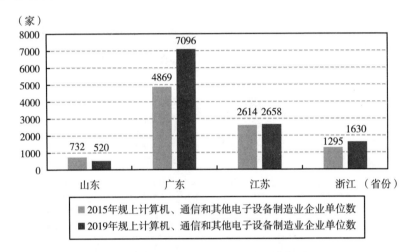

图 3-4　2015 年和 2019 年山东、江苏、浙江、
广东四省电子设备制造业企业数对比

资料来源：山东、广东、江苏、浙江 2016 年和 2020 年统计年鉴。

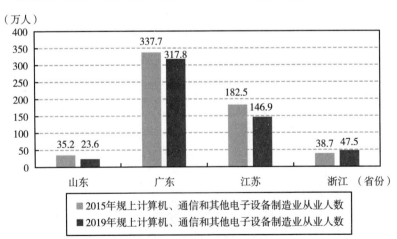

图 3-5　2015 年和 2019 年山东、江苏、浙江、广东四省份
电子设备制造业用工人数对比

资料来源：山东、广东、江苏、浙江 2016 年和 2020 年统计年鉴。

三、省域内数字产业化发展基础差距较大

从山东省内各市数字经济发展情况看。根据《2020年山东省数字经济园区评估报告》数据，山东省数字经济核心产业主要分布在济南、青岛、烟台三市，而其他地市的数字产业化基础区域差距较大。从数字经济园区类型看，济南市6家省级数字经济园区中有5家属于数字产业化类（产业聚集类）园区（分别是中国（济南）新媒体产业园、山东数字经济产业园、济南高新区齐鲁软件园发展中心、利宝互助创新产业园区、蓝海领航大数据产业园）；青岛市5家省级数字经济园区中有3家属于数字产业化类（产业聚集类）园区（分别是青岛国际创新园、青岛海尔云谷、山东省（中国广电·青岛）5G高新视频园区）。烟台市4家省级数字经济园区中有2家属于数字产业化类（产业聚集类）园区（分别是O－Tech（橙色云）协同创新数字智慧园区、烟台留学人员创业园区）。其他地市的数字经济园区类型则多为产业数字化类型（应用示范类）。由此可以看出，山东省在数字产业化基础方面，区域发展差距较大。

四、数字技术创新能力不足

山东省创新能力不强，主要表现在以下方面。

第一，2020年山东万人有效发明专利量12.40件，而广东万人发明专利拥有量达28.04件，江苏万人发明专利拥有量达36.10件，山东仅为广东的44.2%，江苏的34.3%，低于全国平均水平15.80件。

第二，软件是衡量创新能力的一个重要标准。2020年山东省软件业务收入虽然超过5000亿元，但是仍不能挤进全国前五之列，这也反映出山东省在创新能力方面与其他发达省市存在一定差距。

第三，2020年山东在研究与试验发展（R&D）经费投入超过千亿元，达到1681.9亿元，但是仅为广东（3479.9亿元）的48.3%，江苏（3005.9亿元）的55.95%，山东R&D比重（2.3%）低于全国平均水平（2.4%）[①]。

---

① 根据2021年山东、广东、江苏以及全国统计年鉴的资料整理计算。

第四，一些关键的"卡脖子"技术没有掌握在自己手里，这是信息技术产业最大的短板，也是电子制造业智能装备产业发展的制约因素。山东省也面临缺芯少屏的困境，如济南没有芯片制造企业，只有芯片设计企业。

总体来看，数字核心产业创新能力不足，创新支撑力不强，企业创新活力不足，创新投入产出比不高，科技创新能力不适应高质量发展要求。

五、技术人才缺乏

山东省人才总量较大，但人才结构不合理。人才是数字产业发展的"燎原之火"，是数字化创新的引擎。数字核心技术人才缺乏是山东发展数字核心产业的一个关键问题。目前，山东缺乏数字化专业性研发人才、数字化技能人才及既懂技术又懂管理的复合型人才，研发和产业领军大师级人物急缺。人工智能人才不足，机器人工程师缺口较大。山东高校对数字人才的培养还满足不了数字经济发展的需要。人才政策不能完全适用于软件行业。引进人才难，留住人才难的现象比较普遍。

调研中发现，山东省很多地市在数字产业发展中普遍遇到的问题是高新技术人才、高端管理人才难招、难引、难留，面临着本地人才流失，外地人才难抢的局面。有的缺乏行业内领军人才和创新团队，有的本地市高校少，青年人才流失严重，导致数字经济领域人才结构亟待优化，尤其是数字高新技术领域的高层次人才严重匮乏。

有的数字经济园区反映，一方面，大数据产业园的建设和运行维护是一项兼顾技术性和管理性极强的工作，方向和决策的稍许偏差就会造成大额的损失。另一方面，由于程序员工资普遍较高，按照目前的软件接受能力，软件公司难以靠项目收入生存。再有就是，缺少真正既懂技术又懂业务的桥梁人才，企业发展后劲不足。山东省大数据产业领军人才、高端研发人才和前沿复合型人才不足，从大数据与云计算、集成电路、虚拟现实3个领域来看，全国排名前1000的人才主要分布在北京、江苏、上海三地，占比37.1%，而山东省仅有7人①。

山东省信息技术人才集聚水平相对较低。人才大战中，北京、江苏等经济发达省份对人才吸引力更大，成为人才主要集聚区。从互联网企业薪酬指数来看，山东远低于北京、上海、浙江、江苏、广东等省份，对高端互联网人才吸引力不足。

从人才年薪分布来看，山东省中高端人才年薪在10万元以下的占比为42.74%、10万~20万元的占比为38.23%、20万~30万元的占比为11.07%，全国中高端人才年薪分布显示，与全国中高端人才年薪分布相比，山东目前处于劣势②。

从对海归人才的吸引力来看，"海归人才期望工作地"调研结果，愿意到山东工作的仅占2.12%，位居上海、北京、广东、江苏、浙江、四川等省份之后。而从中高端人才及海归人才的城市分布来看，在中高端及海归人才吸引方面，作为山东省内一二梯队的重点城市，排名最高的青岛位列全国城市第14位，济南位居第22位，烟台位居第40位③。

山东省数字经济核心产业和企业发展不足，制约了高层次人才特别是国际领军人才和创新团队的引进和聚集，而高层次人才的缺乏又影响了数字经济核心产业和企业的发展。

六、要素供给不足

主要体现在财政资金、人才和土地三个方面。从资金看，广东省2018~2022年共安排省级财政资金超过16.4亿元，推动工业互联网发展④。在山东，尽管扶持政策也比较多，比如，按照《数字山东发展规划（2018—2022年）》，鼓励各地开展新型智慧城市建设，全面升级信息基础设施，在数字山东专项资金中每年安排5000万元资金给予支持。数字山东专项资金每年补贴电费不超过3000万元。在保障用地方面，对纳入省重点建设项目

---

①　山东省首次绘制重点产业人才图谱——对山东省重点产业人才发展状况的分析报告［N］.大众日报，2019－2－22.

②③　猎聘发布《2019山东省中高端人才竞争力报告》［EB/OL］.新浪VR，2019－9－11.

④　广东财政四年投16.4亿元推动工业互联网发展［EB/OL］.腾讯网，2022－9－15.

的数字经济发展建设用地优先保障。属于下一代信息网络产业（通信设施除外）、新型信息技术服务、电子商务等经营服务项目，可按商服用途落实用地。数字技术企业所需工业用地的土地出让底价，在国家规定标准范围内可根据土地估价结果和产业政策综合确定。对数字技术企业，鼓励以租赁等多种方式供应土地，积极推行先租后让、租让结合供应土地，等等。但总体来看，支持力度小于广东省①。

从人才看，除了信息技术产业方面人才总体缺乏外，调研中企业反映比较集中的是缺乏两类人才：一类是既懂信息技术又懂生产制造、产业发展的复合性高端人才，另一类是能够现场操作的高技能产业工人。

从土地看，山东省在新兴产业用地方面的政策不够灵活，有个别地市虽然提出了具体措施，但比例比较小、价格优势不明显，审批手续、管理办法也较为烦琐。广东省要求各地区在编制国土空间规划时，划定工业用地保护红线和产业保护区块，以低价格供给和快捷审批保障新兴产业发展。

七、产业生态体系不完善

近几年，山东省持续推进制度创新、流程再造等改革创新，营商环境不断改善。但与全国数字经济排名前五位的省份相比，山东省的营商环境还需要进一步优化。互联网行业对营商环境的要求非常高，需要"放水养鱼"，不能"竭泽而渔"，需要尊重企业成长规律。面对政府引导基金使用及考核不够合理，风险投资不够发达，社会资本参与度不高等问题，山东省在"放管服"改革、政务服务、数字经济园区管理、办事效率等方面还需要进一步改善和提升。

山东省未形成具有国际或国内领先水平的头部企业引领、众多中小企业梯次发展的生态体系。山东省数字经济核心产业缺乏国内、国际一流的数字领军企业、龙头企业，在包括云计算、大数据、物联网、人工智能等

---

① 山东省人民政府办公厅关于印发山东省支持数字经济发展的意见的通知 [EB/OL]. 山东省人民政府网，2019 - 7 - 19.

新兴产业和高端软件、集成电路、通信与网络、网络安全、元器件及材料等基础产业领域具有较大规模、掌握核心技术、能够带动产业发展的行业龙头企业不多,"头雁"缺乏,这成为山东省数字产业化发展的一大"瓶颈"。

山东省除济南、青岛、烟台三市外,其他地市软件产业园内企业普遍呈现"低、散、小"特征,中小微企业占80%,缺乏核心龙头企业支撑引领,产业链协同性不强,大多软件企业以应用软件开发、信息技术服务、系统集成为主,系统的、成套的、有自主知识产权的软件产品并不多,70%中小企业由于渠道和资质制约,只能局限于承接在岸业务或"二手包"业务。

由于园区内数字技术企业数量偏少,能够为其他产业赋能的大数据、人工智能、物联网等数字产业化企业规模小。这样就难以快速形成数字经济相关产业集聚、产业链上下游配套发展。以临沂市龙湖数字经济产业园区为例,目前园区共有数字经济企业90家,其中,近三年营业收入上千万的数字产业化企业仅有1家,而同样定位于创新创业园区的烟台留学人员创业园区已集聚数字经济领域企业近200家,并拥有多家富士康、睿创微纳等年营收过亿的数字产业化企业①。

在龙头企业培育方面,与广东、浙江等省份相比,山东省还存在较大的差距。山东省进入2020年软件和信息技术服务综合竞争力百强的只有海尔、浪潮、海信、中车四方、中创软件5家企业,广东有15家企业,浙江有12家企业。据中国互联网协会发布《中国互联网企业综合实力研究报告(2020)》,广东拥有互联网百强企业13家,江苏有6家,山东只有3家②。山东省中小微企业数量少,配套不够,产业链条短。例如,浪潮,上下游受控,无法建立产业生态体系。与全国数字经济排名前五位的省份相比,山东省数字经济园区规模普遍较小、带动作用不明显,产业链式集群化发展程度不够高。根据北京大数据研究院《2021中国数字经济产业发展指数报告》数据,拥有头部企业数量,济南市排到第十位,如表3-3所示。

---

① 数据来源于本课题组的实地调研。
② 中国互联网协会在北京发布《中国互联网企业综合实力研究报告(2020)》.

表 3 - 3   头部企业情况排名

排名	省份	城市	得分
1	北京	北京	0.962
2	上海	上海	0.917
3	浙江	杭州	0.912
4	广东	深圳	0.838
5	广东	广州	0.799
6	湖北	武汉	0.705
7	四川	成都	0.662
8	重庆	重庆	0.626
9	安徽	合肥	0.619
10	山东	济南	0.612
11	广东	珠海	0.604
12	陕西	西安	0.599
13	江苏	南京	0.594
14	天津	天津	0.592
15	江苏	无锡	0.585

资料来源：北京大数据研究院《2021 中国数字经济产业发展指数报告》。

另外，本课题在调研中了解到，一些数字经济园区在产业孵化载体、新一代信息基础设施、商业生活配套等方面还存在不足。园区内虽然网络设施基本实现信号园区内全覆盖，但支持数字经济企业发展的5G、工业互联网、IPv6等新一代基础设施建设尚在起步阶段，亟须加快建设进程。由于大部分数字经济园区成立时间较短，在各类公共服务平台的搭建方面略显滞后，亟待提升园区公共服务配套能力，尤其是要加快完成人才公寓、酒店、会议服务中心、展览展示中心等公共配套服务场所的建设工程。同时，大部分园区在服务企业过程中对出现发展规划、流程再造、会计核算、金融投资、人才需求、法律咨询等问题解决不够准确、不够专业，园区没有专门的服务平台，缺乏技术性支持，企业需要发挥自身力量克服发展难题，企业供应链、金融链、人才链、技术链等领域遇到发展瓶颈。

本课题分析面向企业的调查问卷，在制约山东省数字经济发展的因素中，有76.4%的受访者选择人才缺乏，67.3%的受访者选择数字技术相关产业不强，39.1的受访者选择企业能动性不足，37.3%的受访者选择顶层设计不完善，30.0%的受访者选择财政支持力度不够（见图3-6）。

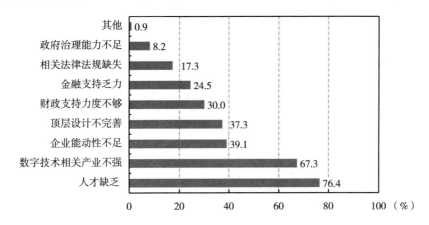

图3-6 受访者认为制约山东省数字经济发展的因素

本课题组分析的调查问卷显示，政府为促进数字经济发展，应该在哪些方面给予支持？企业受访者的选择排在前4位的分别是：提供优惠和扶持政策的占比85.7%，引进高层次专业人才占比71.4%，资金方面的奖励占比57.1%，改善基础设施占比55.4%（见图3-7）。

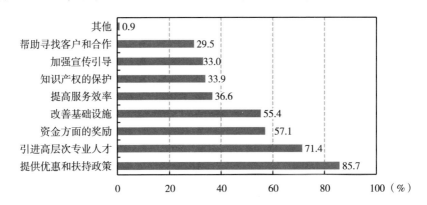

图3-7 受访者认为政府为促进数字经济发展应给予政策支持的方面

在受访者对政府在推动数字技术相关产业发展中的作用是否满意的调查中，只有25.9%的受访者满意，有41.1%的受访者较满意，还有27.7%的受访者认为一般（见表3-4）。

表 3 - 4　　　　受访者对政府在推动数字技术相关产业发展中的作用是否满意

项目	频率（个）	百分比（%）	有效百分比（%）
不满意	1	0.9	0.9
不太满意	5	4.5	4.5
一般	31	27.7	27.7
较满意	46	41.1	41.1
满意	29	25.9	25.9
合计	112	100.0	100.0

　　本课题组进行的调查问卷分析表明，推动山东数字化发展需要加大政府对数字技术相关产业发展的扶持力度，在数字产业化过程中，更好地处理链长和链主的关系。引导数字产业链做大做强，形成数字产业链集群，促进产业链协同发展，协调解决发展难题。

第四章

山东农业产业数字化发展现状

"十三五"以来，山东产业数字化快速发展，根据第四届数字中国建设峰会发布的《数字中国建设发展报告（2020 年)》，山东产业数字化水平位居全国第二位，形成了"一批制造业、服务业、农业数字化转型试点示范和标杆"，产业数字化发展成效显著。在农业产业数字化方面，山东也在积极探索，为推动乡村振兴、打造乡村振兴"齐鲁样板"作出贡献。

第一节　农业产业数字化的作用机理及实现路径

一、农业产业数字化的作用机理

新一代信息与通信技术在农业产业的普及应用，通过创新效应、替代效应、产业协同效应、空间效应，带动产业链延伸、价值链提升和供应链智能化发展，有利于乡村新业态、新产业、新模式的培育和发展，推动农业智慧化和高质量发展。

（一）创新效应

新一代信息与通信技术在农业的应用，将数字经济中的商业模式创新、组织形态创新和数字产品创新等创新成果融入农业产业，提升了农业产业的创新能力，即数字技术的应用推动了产品研发、市场营销与商业模式的创新。例如，大数据可以帮助企业获得和使用市场中更多的信息来研发更能满足消费者需求的新产品，加快农业产品创新进程；数据的共享更有利于研发活动的开展和研发效率的提升；通过大数据得到的消费者需求信息，能够提高产品的创新和设计能力，实现产品的个性化和多样化；利用大数据的积累和分析，引导企业或行业的商业模式创新。

（二）替代效应

ICT 技术能广泛运用于农业产业各部门，农业的管理、生产、销售模式均发生了变化，同时改变了农业产业投入要素的配合比例，各种智能农业机械、智能设备的使用与普及，一方面替代了传统机械，另一方面大大节省了农业的劳动力，并对劳动力的数字素养提出要求：农业生产、销售及管理等各环节均需要掌握一定数字技术和技能的劳动者。而这种替代效应会提升全要素生产率，促进农业现代化。

（三）产业协同效应

信息产业涉及 35 个行业，行业投入上基本来自于第二产业，但是产出和分配在第三产业，而信息技术在农业的应用，促进第一、第二、第三产业协同发展。并且随着农业产业的数字化转型，农业生产、研发、销售模式在不断创新的同时，农产品加工度、生产企业化、服务化程度也越来越高，带动了产业链延伸、价值链提升和供应链智能化发展，推动第一、第二、第三产业融合发展。

（四）空间效应

数字经济本身具有网络效应，农业生产存在着扩散效应，技术创新和人力资本也具有溢出效用，加上我国及山东各地的农业产业发展水平及其数字化转型存在较大的差异，因此数字技术对农业产业的发展存在空间效应，即数字技术的应用不仅对本地区的农业产业发展有影响，也会对周边地区产生有益的影响。

二、农业产业数字化的实现路径

数字经济正与实体经济加速融合，新一代 ICT（信息、通信和技术）

与农业产业变革融合发展，成为农业高质量发展的重要驱动力，以软件为代表的信息网络技术，通过大数据、人工智能等手段实现了对农业产前规划、产中作业、产后销售等全方位优化管理，正在推动农业产业的生产模式、管理方式、销售模式的变革，推动农业现代化和高质量发展。

（一）促进农业产业生产和管理方式变革

数字技术在农业生产领域的应用，改变了原来的农业生产方式。互联网、大数据、云计算、人工智能、物联网、区块链等技术引入农业生产过程，优化了生产过程，智能化生产（向智能化转型）替代了传统的劳动模式，同时提高了农业的整体生产效率。新一代信息科技与农业产业的深度融合发展，能有效提高农业生产中土、水、肥、药、光、热的资源利用效率，即提高土地产出率、资源利用率和劳动生产率，从而提升农业产业的全要素生产率，使得农业生产效率倍增。例如，农业的数字化应用，可利用物联网技术检测土壤成分、温度、湿度等参数，构建农业大数据平台；大规模采用自动化机械进行播种和收割；有效使用水肥一体化灌溉设施等。

信息技术与农业产业的深度融合，使农业的管理方式也发生了重大变革，基于复杂的农业生产系统和农田空间差异性信息的精细农作管理，基于对生产状况的实时监测，通过智能决策和自动控制系统，实现智能施肥、精准灌溉和自动投喂等精细化作业，由原来的家庭式零散管理向现代企业管理转变，由经验型、定性化为主的粗放型农业向知识型、精细化管理的现代农业生产与经营方式转变。例如，智慧温室大棚通过安装现代农业科技智能大棚系统和智慧云平台，能够实现大棚一键管理；土壤墒情监测系统通过在地下设置探测点，实现对土壤墒情精准监测，一旦数据异常，接近报警阈值，系统自动发出预警消息提醒工作人员处置，管理员可以通过平台对数据进行查看和分析，进行精确管理。管理方式的改变，重构了农业生产经营模式，将推动农业生产的集约化布局与专业化分工，提高农业组织化程度，促进新型经营主体的快速发展①。

---

① 赵春江. 农业的数字革命已经到来［N］. 农民日报，2020－2－18.

另外，数字技术在农业产业中的应用，绿色生态环境保护技术是其中的重要内容。同时大数据应用还可以促进乡村生态资源规划、农业生态污染监测、农业生态补偿决策优化和农药化肥施用控制，实现农业绿色发展①。

（二）促进农业产业商业模式创新

数字技术催生了新的商业模式，C2M、O2M 等新模式层出不穷。通过线上、线下的多渠道交互实现供需两端的精准高效对接，消除了信息不对称，重塑了消费形态。一是通过利用电子商务大数据，农业生产者能更好地了解消费者偏好等信息，使农民与市场、生产与市场有效对接，根据消费者偏好和消费需求进行生产决策，实施农产品品质和种类创新，从而优化供需匹配，避免农业生产的盲目性，避免农产品过剩带来的"增产不增收"及供需不均衡问题，有效增加农民收入。二是利用数字技术（如区块链技术）提供产品追溯服务，提供产品全产业链可追溯，保障了农产品质量，提升消费者信赖度。如山东省潍坊市 2019 年推出的"区块链电子农业系统"，将纳入该系统的各生产者、农业企业、流通企业、电商企业作为节点，利用人工智能设备收集从生产到流通全过程的农业大数据并上传到区块链体系，实现了农业生产数据与市场终端数据之间的对接②。三是各类数字平台的推广应用，通过直播和短视频等多种传播形式，积极开展农产品营销活动，让更多的消费者了解当地的农产品，降低了交易成本。数字平台销售、直播带货等大大促进了农业产品的销售，成为农业产品销售的新模式和主要方式。例如，头条号"巧妇 9 妹"，利用平台网络进行家乡水果销售，曾一年帮助乡亲们卖出 300 万斤水果，成为灵山县最大的电商③。新冠疫情期间，不少"三农"自媒体通过网络销售、直播带货等形式，推广销售农产品。如湖北的"塘主晨晨"帮助种植户销售秭归脐橙，两天卖出 6 万余斤④；山东临沂的"农家大宝"网络直播助农销售洋

① 肖若晨. 大数据助推乡村振兴的内在机理与实践策略 [J]. 中州学刊, 2019 (12).
② 王廷勇, 杨丽, 郭江云. 数字乡村建设的相关问题及对策建议 [J]. 西南金融, 2021 (12): 43 - 55.
③ 网红巧妇 9 妹帮乡亲卖出 300 万斤水果 [EB/OL]. 央广网, 2018 - 7 - 4.
④ 塘主晨晨今年没养小龙虾 大家族纪录片比养殖更受欢迎 [N]. 新京报, 2020 - 4 - 30.

葱，曾一天卖出 5 吨洋葱①。淘宝村、淘宝镇数量的不断增加也是农业商业模式创新的重要表现。

数字经济下的农业商业模式创新，革新了农产品的经营流通方式，建立最快速度、最短距离、最少环节的流通路径，提高市场流通效率，大幅降低交易成本，实现产销有效对接②。

（三）促进农业产业与其他产业的融合发展

当前，各地农村正在加强农村数字乡村建设。农村数字经济建设是一项复杂工程，通过数字经济建设，以知识、信息和技术等数据为生产要素基点，以互联网、云计算等平台为网络，一方面，可以实现生产端的数字化和消费端的产业化，另一方面，拓展农业农村多元价值，促进服务业（农业科技服务、乡村旅游等）、相关制造业的发展繁荣，有助于农村第一、第二、第三产业融合发展。例如，通过互联网平台，"付老师种植技术团队"通过今日头条平台提供农业技术指导，"猪倌巴巴"通过网络帮助饲养户解答各式各样的问题，一方面，促进了农业科技的应用；另一方面，也有利于依托于平台经济的农业科技服务业的发展，促进了农业第一产业和第三产业的融合。再如，通过图片和短视频，带领网友领略不同地域的风土人情和山水田园风光，既有利于美丽乡村建设、特色农产品销售，又带动一方乡村旅游，促进乡村旅游业的发展。农村电商产业的蓬勃发展，促进了智慧物流的发展，而这又进一步带动了其他产业发展。大数据信息平台、电商服务平台、物流配送平台……各类服务平台的建设和使用，有力推进了产业数字化，赋能第一、第二、第三产业进一步融合发展，产生了巨大溢出效应。因此，农业与数字经济的融合，将会重塑产业生态，拉伸产业链条，推进农产品种植、畜牧业和渔业养殖、精深加工、冷链物流、农业观光、乡村旅游等一体化发展，推动农村各产业深度融合。

另外，在农业产业数字化发展中，通过搭建农业大数据平台，还可以

---

① 日销圆葱 5 吨！看这对回乡创业的大学生"网红"［N］. 大众日报，2020 - 5 - 27.
② 赵春江. 农业的数字革命已经到来［N］. 农民日报，2020 - 2 - 18.

提高农业和农村宏观决策水平，加快优势农产品的区域优化布局，促进农业产业结构的合理调整，更大程度地挖掘农业内部的增收潜力，推动农业现代化和高质量发展。

第二节　山东农业产业数字化发展成效

一、支持农业产业数字化的政策逐渐完善

山东是农业大省，是全国首个农业总产值过万亿元的省份，一直重视以科技创新促进农业高质量发展。截至 2021 年底，全省农业科技进步贡献率达到 65.81%，良种对粮食增产贡献率达 47%①。当前，数字技术正在向各领域渗透发展，数字农业是农业现代化的高级阶段，农业产业数字化是数字经济发展的重要范畴。山东近年来不断深化农业供给侧结构性改革，推动数字技术与农业产业的深度融合，助推农业高质量发展。为加快推进山东省农业产业数字化发展，陆续出台了一系列政策性文件，为农业产业数字化发展提供了强大政策保障。2018 年 8 月，以省政府办公厅名义印发了《关于加快全省智慧农业发展的意见》②，谋划了山东省智慧农业到 2022 年底的发展目标；2018 年 9 月，以省政府办公厅名义印发了《山东省信息进村入户工程整省推进实施方案》③，确定了建设 7 万多家益农信息社，实现行政村基本全覆盖的任务目标；2020 年 3 月，联合省委网信办等多个部门印发了《山东省数字乡村发展战略实施意见》，确定了山东数字乡村发展的 10 项重点任务；2022 年 4 月，山东省委网信委印发了《山东省数字乡村发展行动计划（2022—2025 年）》。随着一系列重要文件的出台和落实，山东省农业产业数字化政策体系日益完善，为农业产业数字化发展

---

① ［沿着总书记的足迹］山东篇：以科技创新促进农业高质量发展 打造乡村振兴的"齐鲁样板"［EB/OL］. 央广网，2022 - 6 - 19.

② 山东省人民政府办公厅关于加快全省智慧农业发展的意见［EB/OL］. 山东省人民政府网，2018 - 8 - 20.

③ 山东省人民政府办公厅关于印发山东省信息进村入户工程整省推进实施方案的通知［EB/OL］. 山东省人民政府网，2018 - 9 - 29.

提供了有力保障和强劲动力。

"十三五"时期，山东农业产业数字化水平全面提升，全省认定各类智慧农业应用基地232个，建设运营各类益农信息社7万家、行政村覆盖率超过95%。山东建成全国唯一的现代化海洋牧场建设综合试点，建设省级以上海洋牧场示范区120处，其中国家级海洋牧场示范区54处，占全国的39.7%；全球首座大型全潜式深海渔业养殖装备"深蓝1号"、国内首座深远海智能化坐底式网箱"长鲸1号"启用，实现了深远海养殖生态化、自动化、信息化和智能化①。2020年6月成立"山东省生态智慧农业产业联盟"，同时启动"数字经济助推全省乡村产业振兴行动"。为贯彻落实国家《"十四五"数字经济发展规划》要求，山东省积极推动相关工作，不断加强数字农村基础设施建设，推广数字农业管理技术，有序推动农业产业数字化、网络化、智能化，为打造乡村振兴"齐鲁样板"打下坚实基础。如临沂市高度重视农业物联网建设应用，目前已建设山东垦源智慧农业产业园项目、山东御苑香菇出口示范基地农业物联网建设项目等较大规模农业物联网基地12处。当前，省级智慧农业应用基地达到350多家②，冠以"数字"的农场、牧场、示范园、产业园、种植园、创业园已遍布山东各地。

二、数字赋能，农业生产有了智慧"大脑"

山东各地积极推动数字技术在农业生产中的应用，以数字赋能农业生产，推动农业生产的智慧化。

肥城市安庄镇粮食高产创建示范区，农田里分布着多个高精度土壤温湿度传感器和智能墒情站，可实现墒情（旱情）自动预报、灌溉用水量智能决策、远程自动控制灌溉，物联网水肥一体化智能灌溉系统的安装使用，能够节水50%、节肥50%、节电20%③。万亩农田有了"大脑"，

①　"十三五"期间山东数字经济总量突破3万亿元 年均增速超过30%［EB/OL］. 中国山东网，2021-4-2.

②　数字强省看山东丨"数字变革"绘就民生好图景［N］. 大众日报，2022-7-21.

③　赵琳. 数字经济让山东农业生产更智慧［N］. 大众日报，2021-3-10.

农业生产更加智慧。如今,这样的智慧农田在山东越来越多。

寿光的"植物工厂",通过与阿里云合作"数字化蔬菜工场项目",再造了一个智慧的"新寿光大棚",蔬菜生长在无土的轨道式机床上,推盘机、移栽机、无人运输等一条完整的"智能流水线",实现了育苗、移栽、培养、采收、包装的全程自动化,是国内高端数字化农业的"先行者"。淄博思远农业开发有限公司开发的"齐稷通"App,大棚种植户坐在家里就能看到大棚各种数据,如二氧化碳浓度、空气温湿度等。以前最麻烦的放风环节,现在只要设置好温度范围,自动放风机就可完成,实现了"会玩手机,就会种菜"。

潍坊市坊子区搭建智慧平台打造粮食生产全产业链增产减损体系。坊子区发挥潍坊国家农业开放发展综合试验区引领作用,以培育农业服务业战略性大产业为目标,以聚焦农业生产薄弱环节和服务小农户为重点,搭建粮食生产智慧农业服务管理平台,大力发展农业社会化服务。以数字农业为发展方向,物联网、卫星遥感、无人机、大数据、云计算、移动互联等信息技术与农业深度融合,打造智慧农业服务平台,进行长势监测评估,结合专家诊断给出科学管理方案,指导粮食生产。目前智慧农业生产管理平台已上线 96 个村、12.7 万亩地。在坊安街道葫芦埠于家村已流转土地 1500 亩,作整体托管示范点,建设占地 40 亩的粮食烘干中心一处,日烘干粮食 500~800 吨,可辐射带动周围 3 万亩土地,逐步实现全域覆盖。坊子区计划通过 3 年发展,实现数字农业覆盖率 80% 以上,全区粮食生产地块全上线,粮食生产补贴资金全程线上管理,农机作业全程线上监管,打造粮食生产数字化、一体化"坊子模式",预计每亩每年可节约成本 135 元,粮食增产减损 100 斤[①]。

水稻种植方面,东营区数字经济园区围绕绿色增效目标,也制定了关键流程数字服务方案。水稻种植区实现无人机植保作业,提高效率,降低了成本。

---

① 姜振玲. 潍坊坊子区搭建智慧平台打造粮食生产全产业链增产减损体系 [EB/OL]. 全农种子网, 2022 – 7 – 26.

三、数字赋能，养殖业实现了数字化

山东积极推动数字技术在养殖业的应用，促进养殖业与数字经济的融合。2021 年 11 月，山东评选出了 26 家省级智能牧场和 8 家生猪数字化联合育种企业①。

"从牧场到餐桌"，高青黑牛的全透明数字化养殖管控，确保了舌尖上的安全和美味。实现了数字养殖的黑牛"新牧场"——新天地黑牛、澳航黑牛 2 家数字养殖示范基地和 10 家数字化示范牧场，使用了电子项圈、环境调控、精准饲喂、疫病监测等技术。养殖区 24 小时监控，可以随时检测牛的生长情况，可动态采集黑牛养殖信息，为黑牛改良育种、高效育肥提供大数据支持②。山东纽澜地何牛食品有限公司搭建的数字化农业产业中心以现代信息技术为依托，打造了追溯体系和数字监控平台，以智能芯片链接 ERP，实现一牛一码，并通过追溯系统，实现一品一码、一盒一码，让每个消费者都能清楚地掌握其所购牛肉从生长到屠宰分割再到物流销售的全部信息。通过数字化农业产业中心，一块新鲜的雪花牛肉只需 24 小时就能从牧场到消费者餐桌。作为国家数字乡村试点县、养牛大县，高青的数字生态养殖已辐射带动全县 2 万余户农民③。

生猪养殖也实现了数字化。东营市数字经济园区配套智能传感网、RFID 识别和动物生理参数监测等物联网设施设备，实现全自动饲喂、饲喂全自动环境控制、猪场中央报警等功能，实现数字化管理。正大猪业公司建设物联网数字化应用系统，配套 38 个环境控制传感器和 1 个中央料线自动饲喂传感器，对猪舍内温度、湿度、氨气、二氧化碳、风速等参数实现数字化管理，饲喂系统全部实现自动化，通过手机在线时刻观测猪舍内情况，实现无人值守④。山东健康肉供应链发展联盟济南运营中心协调生猪

---

① 山东省智能牧场与生猪数字化联合育种企业名单公示［N］. 大众日报，2021 – 11 – 25.
② 赵琳. 数字经济让山东农业生产更智慧［N］. 大众日报，2021 – 3 – 10.
③ 从牧场到餐桌数字化，淄博高青数字农业建设正风生水起［EB/OL］. 中华网山东频道，2021 – 10 – 10.
④ 资料来源：《东营市现代农业示范区 – 2021 年省级数字经济园区自评估报告》。

产业链上参与单位与企业（养殖企业、饲料企业、屠宰企业等），联合平安集团和浙江甲骨文超级码科技股份有限公司搭建山东健康猪智慧养殖综合管理平台——健康肉风控及溯源一体化平台。该平台以满天星区块链为底层技术架构，依托物联网、移动互联网、大数据、人工智能等技术，向养殖产业链上各企业提供综合性数据化管理平台。通过全链路数字化管理系统，将养殖、屠宰、流通等环节的数据进行整合，实现养殖全生命周期、屠宰加工全流程监测、大数据分析、企业增信等一站式解决方案。推动传统养殖的信息化转型升级，实现精细化养殖。

对虾养殖，东营市数字经济园区建立陆上海洋牧场大数据平台，通过大数据分析，实现水产养殖标准化、数字化、智慧化，初步构建起全数字平台通道。尚牧公司自主开发应用水产养殖大数据平台，构建产品质量追溯体系，在对虾、鱼类、海参等水产类养殖中广泛应用。与航天宏图合作，打造"北斗＋智慧农业"模式，针对生产、研发、物流等全过程进行全方位追溯，保障绿色健康水产品。阔海公司自主开发 AI 智慧养殖系统 3 套，覆盖养殖车间 11 栋，水体面积 12000 平方米。自主研发的对虾生长过程数字采样机、自动化投饵机、水位实时监测系统等智能化装备，已向省内外客户交付 7 台（套），通过大数据定时分析样片判断对虾健康生长情况，真正将数据智慧作为生产经营决策的科学依据，在国内同行业属于首创[①]。

四、数字赋能，助推特色产业发展

为推动本地特色产业发展，山东各地建设智慧农业基地或数字农业示范区，搭建大数据平台，推动特色农业发展。

1. 搭建大数据平台，助推地域特色农产品做大做强

以枣庄市峄城区为例。峄城区是农业部命名的"中国石榴之乡"，拥有面积达 18 万亩的"冠世榴园"，为全面实现石榴产业的数据赋能，完善和丰富峄城区石榴产业大数据的标准体系，用数据支持石榴第一、第二、第三产业的全面发展，峄城区建设了 5G 石榴大数据分析平台。峄城区石

---

① 资料来源：《东营市现代农业示范区－2021 年省级数字经济园区自评估报告》。

榴大数据平台总体架构为"一个中心、三大平台、N 应用"。一个中心即形成统一规划、统一标准、统一管理的"一套数",实现"一数一源,一源多用"的农高区石榴数据资源中心。三大平台即石榴产业应用平台、石榴大数据展示平台、石榴大数据分析平台。"N 应用"即石榴三大平台中包含的具体系统功能,包括石榴产业监管一张图、生产管理子系统,物联网子系统等石榴大数据平台。石榴大数据平台汇聚石榴全产业链数据资源,实现了行业数据共享交换;构建石榴产业监测预警模型,服务政府宏观调控监管;开发石榴产业大数据应用服务产品,服务石榴产业主体;建设产业信息门户,提供权威数据服务。据初步统计,石榴大数据平台的上线将石榴生产效率提升近 1 倍、病虫害风险降低 60% 以上,同时将农资农具采购和灵活用工对接的执行效率提升 2 倍以上[①]。

　　再以潍坊市寒亭区固堤街道为例。潍坊市寒亭区固堤街道是闻名遐迩的"西瓜之乡",也是山东省大棚优质西瓜的主要生产基地。潍坊郭牌农业科技有限公司在 2019 年与平安国际智慧城市科技股份有限公司联手为"郭牌西瓜"量身打造了"郭牌西瓜溯源品控一体化管理平台"。该平台主要包括西瓜标准化服务、建设物联网监控系统、智慧种植管理系统、智慧溯源管理系统和综合数据展示中心等板块。通过引入物联网、人工智能、区块链、大数据等新一代信息技术,将郭牌农业 40 年的种植技术经验、最新研发的量化标准、智能科技成果与平安智慧的科技金融深度融合,形成专属于西瓜的质量溯源和保险的"金融 + 科技 + 生态"综合解决方案,强化了源头治理、过程管控和风险防控,构建了可视、可查、可控的食品安全智慧化管理新模式。将西瓜生产、流通、消费过程以及参与主体的全流程信息存进区块链,实现上链数据智能核验,保证西瓜溯源信息的真实性和准确性。"溯源品控平台"创建应用,加快实现了基于数字的科学决策,有力推进了西瓜质量安全检测管理体系和管理能力现代化,使西瓜农业的示范带动性进一步增强。目前,每年累计接待参观考察 4000 余人次,潍坊郭牌农业科技有限公司已在全国建有 11 个大型精品西瓜种植基地,基地总面积达到 1.8 万亩,带动农户 1200 余户,平均每户年收入达 20 万元,有

① 山东数字经济助力乡村振兴 为农产品插上"云翅膀",大众网,2022 – 8 – 3.

的农户收入达到 100 万元以上，累计带动就业 8000 多人①。

2. 建设数字农业示范园区，培育壮大特色农业

以泰安省级农业高新技术产业示范区数字园区为例。数字经济园区创建以来，联合多家高校、科研院所、企业和金融服务机构，实施"科技赋能、互联网赋能、文化赋能"战略，坚持走融合发展道路。重点打造了苗木花卉海尔卡奥斯互联网合作平台。以海尔卡奥斯平台基础能力及生态聚合资源为依托，高效整合基地、服务等信息流，实现平台融合互通，构建新型平台 + 政府合作模式。双方合作共建"泰安苗木花卉产业互联网平台"，依托卡奥斯平台，统筹推进数字化、网络化和智能化，以数字技术为依托实现全产业链贯通，组织重点企业和中小企业上云上平台获取应用服务。海优禾、泰安农高区、泰山东岳花木城三方合作创新融合打造高标准"卡奥斯数字农业示范基地"，赋能苗木花卉从种植—管理—物流—销售—文旅全产业链，建立三产融合强支撑。园区建设创新平台 7 家，建立苗木花卉、泰山茶、有机蔬菜、现代奶业数据库，打造了多个类型的信息资源共享平台，重点打造了泰安市科技创新服务云平台园区数据库。

以数字赋能，园区发展取得了丰硕的成效。园区以苗木花卉、有机蔬菜、泰山茶、现代奶业和休闲旅游为主导产业。园区将苗木花卉作为特色产业，使其做大做强，优势明显，带动有机蔬菜、泰山茶、现代奶业、农业休闲旅游等产业发展，全力打造"泰山农业品牌"。目前，已有 53 家企业（合作社）拥有自己的注册商标，"泰山亚细亚"蔬菜、"亚奥特"乳业、"泰山津口"女儿茶、"泰仙寿娃桃""泰山大红石榴"等一批著名品牌闻名省内外，获"三品一标"认证的产品数达 121 个。截至 2020 年，园区及周边地区苗木花卉种植面积 12.2 万亩，年产值 19.12 亿元，辐射带动全市苗木花卉种植面积达到 32.3 万亩；有机蔬菜种植面积 3.94 万亩，年可生产加工有机蔬菜 49.1 万吨，辐射带动全市有机蔬菜种植面积 38.6 万亩；泰山茶种植面积 1.27 万亩，产值 4846 万元；打造有机奶品牌，国内第一家使用褐变菌种，生产全国第一瓶烤酸奶，可生产乳制品 31.2 万吨，产值 7.04 亿元，辐射带动全市奶牛存栏量 11.4 万头，亚奥特乳业、

---

① 山东打造数字乡村"样板"激发乡村振兴新动能 [EB/OL]. 鲁网，2022 - 8 - 2.

乳品荣获国家首批认定的绿色食品加工基地、中国驰名商标；建成农业休闲旅游项目46个，发展农业休闲旅游景点15个，其中国家4A级景区2个，省级旅游强乡镇2家，省级旅游特色村10家，农业旅游示范点6家，精品采摘园6家，开心农场3家，"好客人家"农家乐11家，农业休闲旅游总收入近10亿元①。

再以淄博市博山区源泉镇为例。淄博市博山区源泉镇位于山东省第四高山"鲁山"北麓、淄河上游，是国家级生态乡镇、全国"一村一品"示范镇、山东省猕猴桃名镇，淄博市水资源保护地。近年来，该镇立足自然生态优势，提升服务水平，营造发展环境，着力培育壮大以猕猴桃种植业为主的特色农业以及乡村旅游发展的产业体系，构建了"一果先行，诸业并进"的发展局面。2021年，源泉镇重点依托农业产业强镇项目，引入农旗科技（北京）有限公司，依托舜丰农业科技发展有限公司园区、源北村福禄山猕猴桃种植合作社园区，建设项目总投资1000万元、占地1000亩数字农业示范园区。舜丰农业、源北福禄山两个园区数字农业项目被列为淄博市市级重点数字农业项目和应用场景，形成了示范带动作用。依托猕猴桃特色产品优势区，引入鲁担（山东）城乡冷链产融有限公司，完成12个、容量600吨的"空间电场"保鲜库。投资400万元配置智能猕猴桃分选线，云端控制保鲜库和分选线各项数据实现分选和储存数据的数字精准化。2021年顺利收储400吨，猕猴桃储存期从普通冷库的2个月延长到4个月，实现了猕猴桃转型升级新突破。数字农业示范园区建成后千亩数字猕猴桃园区通过数字化管控，提升了猕猴桃品质，节约了投入成本，提高了售价和品牌效益，当年实现增收节支180万元；400吨"空间电场"保鲜猕猴桃，较常规销售实现存储增值效益60万元②。

3. 培育智慧农业产业体系，推动特色产业振兴

以滨州市下洼镇为例。下洼镇位于滨州市沾化区西部，冬枣种植面积9.8万亩，占全镇总耕地的95%以上，是沾化冬枣的原产地、主产区③。下洼镇把加快建设智慧农业作为统领现代高效枣业发展的重要抓手，着力

---

① 泰安省级农业高新技术产业示范区数字园区–2021年省级数字经济园区自评估报告。

②③ 山东数字经济助力乡村振兴 为农产品插上"云翅膀"［EB/OL］. 大众网，2022–8–3.

突破智慧农业关键核心技术，培育新型智慧农业产业体系，促进冬枣生产管理精准高效，全面提升冬枣物联网智能装备水平。

按照"互联网＋合作社＋电商"的发展思路，加快建设网络交易市场，下洼镇规划建设沾化冬枣数字经济产业园 1 处，重点引进冬枣智能分选设备，实现冬枣糖度、色泽和大小的等级分选，控制冬枣品质、品牌和价格，在节约人力成本、实现好枣卖好价的同时，有效倒逼枣农进行标准化、设施化种植，提升冬枣品质。同时，顺丰、京东、阿里等大型电商平台在园区建设分公司，实现全年化经营销售，成为集产业运营、市场交易、技术培训、研发中心于一体的现代产业园区。以 2021 年为例，在数字农业的推动下，下洼镇冬枣总产量超 2.5 亿斤，产业营业总收入达 11.2 亿元，枣农人均冬枣纯收入突破 2.2 万元，实现了冬枣提质、枣农增收、产业增效①。

五、数字赋能，农村电子商务发展迅速

数字经济在销售领域的推广应用，山东农村电商迅速崛起，农村电子商务发展势头良好。阿里研究院最新发布的《2021 年淘宝村百强县名单》② 中，山东有 801 个淘宝村，总数为全国第三，菏泽市有 516 个淘宝村，在全国拥有淘宝村数量城市中排名第一，实物商品网上销售额突破4000 亿元。根据农业农村部和阿里研究院联合发布的 2021 年农产品电商"百强县"名单，山东有 20 个县上榜，是拥有农产品电商百强县最多的省份。据农业农村部发布的《2021 全国县域数字农业农村电子商务发展报告》③ 显示，2020 年县域农产品网络零售额为 3507.61 亿元，其中山东省农产品网络销售额全国排名第 5。

在阿里研究院发布的 2020 年、2019 年淘宝村百强县名单中，菏泽曹县已连续两年排名全国第二，淘宝镇数量亦是全国领先。曹县大集镇是山东省唯一一个淘宝村全覆盖的乡镇，也是全国最大的演出服生产基地，每

---

① 山东数字经济助力乡村振兴 为农产品插上"云翅膀"［EB/OL］. 大众网，2022 – 8 – 3.
② 2021 年淘宝村名单出炉 全国淘宝村数量已突破 7000. 搜狐网，2021 – 10 – 11.
③ 资料来源：《2021 全国县域数字农业农村电子商务发展报告》。

年承包了电商平台上差不多 70% 的演出服。仅大集镇就有网店 18000 余家，天猫店铺 1000 余个，表演服饰有限公司近 3000 家，有 1000 个年销售超百万元的电商户，全镇电商年产值近 70 亿元①。

　　再以济南商河县韩庙镇为例，该镇发展农村电子商务成效显著。"采荷小镇"体验式智慧农业项目负责人李硕德，2017 年回乡创业，现着手培养当地的电商人才，带动本村及周边村庄电商从业人员 50 余人，创建了采荷小镇生态农业基地和商河县最大的村播直播基地，培育一支属于农村人的村播网红队伍，有注册村播人员 20 余人，新媒体直播账号 30 余个②；创建了省内首个"可视农业 + 网红直播"的物联网农业基地；创建了"红满乡村"村播孵化基地，成为省内唯一一家将全时段、立体化村播直播和物联网农业有机结合的新型农村直播基地；打造了商河"皇家扒鸡""赤松茸""贝贝西红柿"等多款网络爆款网红产品；2020 年大年初一，采荷小镇项目以及采荷小镇的村播网红登上 CCTV1《新闻联播》，先后被山东卫视、齐鲁频道等多家媒体报道点赞。2020 年新冠疫情期间，李硕德用电商平台带领并帮助农户销售滞销扶郎花 20 万支，贝贝西红柿 5000 余单，胡萝卜 5 万斤，洋葱 10 万斤，帮助种植红掌、仙客来的企业将产品推广到网上销售，真正实现防疫、增收两不误，推动现代高效农业的发展。2020 年，采荷小镇后台数据突破 500 万元门槛，山东朵朵未来电子商务有限公司线上销售额已突破 1000 万元且已升规直报③。

　　通过以上材料和案例，我们可以看出，山东的农业产业数字发展基本都是通过设立智慧或数字产业园区、搭建智慧（数字）平台等，通过龙头企业或者合作社等，侧重于某种或某几种产业，实现了农业产业全产业链服务，形成了"产业园 + 网络 + 公司 + 农户""龙头企业 + 合作社 + 农户""直播 + 特色农产品 + 生产基地 + 电商企业""电商 + 党支部领办合作社 + 农户"等模式，辐射带动农民从事养殖、种植、精深加工等环节的配套服务，推进了各产业融合发展。

---

　　①　兰瑞智库 . 曹县走红的底气在哪？［EB/OL］. 产业问题研究，2021 - 5 - 25.
　　②　【韩庙镇】"互联网 + 现代农业"为乡村振兴插上腾飞的翅膀［EB/OL］. 搜狐网，2020 - 5 - 15.
　　③　商河"采荷小镇"李硕德返乡创业开启电商之路［EB/OL］. 大众网，2021 - 8 - 27.

第三节　山东农业产业数字化发展存在的主要问题

一、智慧农业基础设施有待于进一步提升

截至 2020 年底，山东省城区、行政村实现光纤和 4G 网络 100% 覆盖，宽带家庭普及率达 96.4%。已建成 7 万多家益农信息社，实现行政村基本全覆盖，为农民群众搭建了集公益、便民、电子商务和培训体验于一体的一站式综合服务平台。数字化标注了 1.3 万多家渔场、7 万多家规模以上畜牧生产主体和 2000 多家饲料兽药生产企业，基本实现全行业数字化监管覆盖。农业农村数字化基础设施显著改善。但是山东省农业农村信息化水平同浙江、江苏等省份相比差距较大，2020 年，全国县域农业农村信息化发展总体水平达到 37.9%，浙江在全国继续保持领先地位，发展水平为 66.7%，江苏和上海分居第二、第三位，发展水平分别为 56.5% 和 55.0%，山东只有 39.5%。农业生产信息化水平江苏为 42.6%，浙江和安徽为 41.6%，山东只有 27.6%[①]。部分农村地区网络基础设施建设相对滞后，农村宽带和光纤设施覆盖率远远不能满足智慧农业发展的需要，5G 网络设施覆盖率低，虽然乡镇镇区 5G 覆盖比例达到 100%，但行政村 5G 网络通达率只有 30% 多[②]，千兆光纤网络覆盖的行政村比例更低。水利设施的智能化设施比例低，如灌溉设施数字化程度低，在试点的智慧化果园、智慧化蔬菜大棚等基本上实现了水肥一体化智能灌溉技术和设施，但大部分的农田还是传统的灌溉设施和灌溉模式，部分县区农业灌溉设施只是简陋的水道沟渠，缺乏喷灌和滴灌等高效节水灌溉所需的运输管道设备，农业用水严重浪费现象时有发生，数字化、智能化程度低。农村物流设施建设正逐步完善，但与城镇相比，物流网点少、分散、便利程度差等问题依然存在。

---

① 资料来源：《2021 年全国县域农业农村信息化发展水平评价报告》。

② 山东累计开通 5G 基站 12.3 万个，乡镇镇区 5G 覆盖比达 100%［N］. 大众日报，2020 - 6 - 6.

二、农业机械智能化水平不高

农业机械是农业产业发展不可或缺的重要装备，其智能化水平是数字技术在农业产业应用情况的主要体现，是驱动智慧农业发展的重要因素，是影响农业产业数字化的关键要素。山东省在农业机械数字化、智能化方面近几年取得了一定的成绩，如山东重工集团潍柴研制了搭载潍柴全系列农机动力的潍柴雷沃智能农机：雷沃玉米籽粒智能收获机、雷沃无人驾驶自走式植保机、雷沃无人植保直升机、雷沃旋耕施肥机等智能装备。但目前山东省农业机械的情况和全国一样，农业装备、农业机械智能化水平还不够高，农业物联网设备、智能遥感设备和智能农机装备停留在设施农业和智慧农业示范试点工程中，尚未广泛普及。高端和大型复杂智能农业装备制造的核心部件长期从国外进口，对外依赖较强。关键零部件、核心工艺材料、关键作业装置存在较大技术瓶颈，如电液控制系统及控制软硬件、大功率环保节能型发动机、动力换挡传动系统、导航系统等，还存在核心技术、关键零部件"卡脖子"问题。例如，我们独立研发的农业专用传感器灵敏度较低，智能化技术还不够成熟、水平较低，稳定性不足，不能满足农业数据采集的实际要求；农机装备行业创新能力不足，缺乏基础研究，自主研发能力低，自主研发的设备种类较少，智能化水平低，缺乏竞争力。另外，农业智能装备的使用并不普遍，除了智慧（数字）农业示范园区以外，不少农户使用的还是传统农业机械。

三、缺乏信息共享机制，"信息孤岛"现象凸显

当前，农业产业的信息数据的标准化程度较低、准确性不高、覆盖面不足，农业大数据标准体系建设正在建设中。缺乏农业信息数据共享机制，农业大数据开放共享的制度尚未形成，归属于不同部门的信息数据无法共享。山东省农业农村厅为解决农业数据资源获取难、整合难、应用难等突出问题，利用"共享交换＋大数据"技术，整合汇聚全省多维度涉农信息资源，构建了"1＋10＋N"（一个数据中心，十大业务模块，N个智

慧应用）的"智慧农业云平台"，初步形成数据、业务、技术互联互通的全省农业信息化服务体系。山东省农产品大数据平台建设工作已经开展，诸如山东农产品全产业链监测预警平台、烟台苹果追溯平台、金乡大蒜大数据综合服务平台等已经搭建完成并开始应用。然而，一方面，平台所收集的数据资源较少，信息资源覆盖的广度和深度不够，数据资源无法下延至村一级；另一方面，不同品种间的数据资源平台各自为政，"信息孤岛"情况严重，亟待进行整合。农业类信息应用网站、数据分析平台规模较小、信息准确度较低，农业类信息平台数据分析的精准性和时效性还不够高。

四、农业相关人才匮乏

推动农业产业数字化，发展智慧农业，离不开人才。农业产业体量大、链条长，新的信息化技术需要应用于生产、流通、消费、服务、管理全领域，需要大量既掌握农业知识又了解现代化信息技术的高素质专业人才，还需要大量的技能型农民，运维人员和系统管理人员进行智慧农业系统的使用、维护和管理，以充分发挥智慧农业生产的效能。而当前的实际是农业产业数字化相关人才极为短缺，农民受教育程度低，农业发展缺乏高素质管理型人才，农民教育培训体系不健全。甚至出现建造应用的智慧农业设施装备因无人会用而闲置或因维护不善而损坏的情况。

从农村实用人才数量来看，山东生产型、经营型和技能服务型农村实用人才数量仅次于江苏，位列第二；农村实用人才数量占农村人口的比重排全国第三位，山东省农村实用人才文化程度普遍偏低，大专及以上文化程度的高素质农民占比在全国处于下游水平[①]，人才供给总量明显不足。山东省农村实用人才数量占农村人口的比重较低，远不能满足乡村发展的需要。相对于其他区域来说，山东省具有一定知识学历的人们更愿意在城市打拼，就会导致农村缺乏知识储备人才。根据《2019年全国高素质农民发展报告》，2018年山东大专及以上文化程度的高素质农民占比仅为

---

① 黄晋鸿，周德禄. 山东人才发展蓝皮书（2020）［M］. 山东人民出版社，2020.

3.08%，在全国处于下游水平，而初中及以下高素质农民占比为78.09%，比重仍然较高。知识普及型人才能够起到提升农村整体知识水平的作用，但由于劳动报酬及生活环境的差异，知识型人才更希望能够得到较高的社会地位，认为在城市更能实现自我价值，因此，农村人才流失严重不仅是山东省面临的问题，而是全国农村都面临的挑战，人才流失成为社会常态。另外，山东省农业发展相对于城市来说缺乏吸引力，大部分中青年更希望能够从事其他产业，进而导致愿意留在农村的大多是文化素养不高且技术能力较低的留守妇女、老年人等，缺乏知识技能普及型人才，无法提升农村生产力和促进农村经济发展。从年龄结构看，40岁以上的农村实用人才占比超过60%，结构老化，村干部队伍年龄老化严重，后备干部储备不足[①]。

　　山东省对乡村人才的教育培训较为重视，也出台了相应的支持政策和推进措施，在一定程度上缓解了乡村人才的不足，但总的来看，乡村人才总量少、层次低的问题没有得到根本解决，乡村人才教育培训目前还存在一定的问题。一是教育培训资源较为分散，宣传引导不足。近年来，各相关部门均立足自身职能出台了推动农民接受教育培训的措施，但培训对象和培训内容存在交叉重叠情况。同时，乡村人才培训的宣传引导不足，导致信息不对称，一些有培训需求的乡村人才可能不了解相关培训政策，不知道"到哪去培训"，而主管部门还需要"找人、拉人来培训"。二是教育培训内容和形式与培训需求脱节。互联网的快速发展和农业产业数字化转型要求提高乡村人才的信息技术水平。但目前开展的乡村人才培训在内容设置、培训形式上相对传统和保守，不能根据市场的发展变化进行及时调整和更新，不能满足农业产业数字化发展的需要。三是集中式的教育培训不能满足农民多样化的需求。山东省农业广播电视学校针对农民学历教育需求情况的调研发现，农民对知识的渴望和学习的意愿比较强烈，但是受生产生活压力、学习水平限制等因素制约，农民在学习时间、学习地点、学习方式等方面存在多样性、多元化的需求，对开展高职专科教育造成很大困难。虽然山东出台了一系列推进乡村人才振兴的政策措施，但是政策

---

　　① 山东首次人才资源统计结果出炉 人才总量、素质大幅提升 ［EB/OL］. 齐鲁网, 2016 - 9 - 9.

还没有完全落地，乡村人才的评价激励机制还是不完善，导致乡村人才干事创业的动力不足。评价标准和评价方式不够科学，未能综合考量农村各类人才对乡村产业和社会事业发展的贡献度进行评价；激励机制不够灵活高效，如偏重精神激励，缺乏物质激励和发展激励，晋升通道较窄等。这些问题导致乡村人才不足，特别是农业产业数字化发展所需人才匮乏。

第五章

山东制造业数字化发展现状

山东省拥有全部 41 个工业大类和 197 个工业中类、526 个工业小类，是全国门类最齐全、结构最完备、产业链最完整的工业大省①。近年来，山东省积极推动数字经济与制造业融合发展，制造业数字化发展趋势良好，当前，山东产业数字化发展总体水平位居全国第二。作为制造业大省，山东制造业数字化转型在实践中取得一定的成效，有力地推动了制造业转型升级、新旧动能转换和高质量发展。

第一节 制造业数字化的作用机理及实现路径

一、制造业数字化的作用机理

数字技术对制造业的赋能主要通过创新效应、渗透效应、替代效益和产业协同效应来推动产业数字化。

（一）创新效应

制造业是创新活动活跃的领域，在全球技术创新领域，60%以上的研

---

① 山东先进制造业的实力有多硬核？用这组数字告诉你［EB/OL］．闪电新闻，2022 - 8 - 31．

发投入、70%以上的技术成果是由制造业企业来完成的①。同时，制造业是对新技术需求最为旺盛的领域。因此，制造业是推动数字技术创新和应用的最重要的领域。技术和人力资本密集型行业，创新活力最为强劲。以2021年全球PCT专利申请数据为例，计算机技术（占比约9.9%）和数字通信（占9%）排在所有技术领域的前两位②。数字技术的不断创新及其在制造业领域的应用大大推动了制造业数字化的进程，并不断提升制造业的效率。同时，由于数字技术的虚拟性、可复制和非竞争性，决定了数字经济的边际成本递减，并趋向于零，能够降低创新成本，推动制造业创新能力的提升和转型升级。

（二）渗透效应

摩尔定律作用下，信息和通信技术（information and communications technology, ICT）产品相对价格持续下降，ICT投资不断追加，进而出现ICT产品对劳动、资本等其他投资的大规模替代，并逐渐渗透到制造业及其他产业中，成为经济发展的新型驱动力。

（三）替代效应

ICT属于通用目的技术，具有通用性、渗透性等特点，能广泛运用于制造业各部门，提高各部门要素间的协同性，改变要素配合比例，并不断以高级要素替代低级要素，推进要素的高级化。在制造业数字化转型中，随着数字工厂、智能工厂的不断增加和各类智能设备的应用普及，低技术含量的设备和低技能的劳动者逐渐被替代，进而提升全要素生产率，驱动制造业转型升级。

（四）产业协同效应

信息产业涉及35个行业，关联性强、涉及面广；行业投入上基本来自于第二产业，但是产出和分配在第三产业，可以有效平衡二产和三产、投

---

① 制造业促进技术创新和人才发展 [EB/OL]. 搜狐网，2019 – 4 – 18.
② 2021年世界知识产权组织PCT国际专利申请人50强名单 [EB/OL]. 华为居首位. 网易，2020 – 2 – 20.

资和消费的关系。在制造业数字化转型中，能够衍生更多的服务功能，促进生产性服务业的发展。

数字技术作用于制造业，推动制造业向智能化、个性化、网络化、服务化转型。产业数字化使信息产业对制造业的渗透不断增强。

二、制造业数字化的实现路径

(一) 促进产业制造模式升级

数字技术的应用使生产方式和制造流程发生了重大变革。从生产端看，互联网、云计算、大数据、人工智能、物联网、区块链等技术引入企业生产过程，优化了生产过程，数字工厂、数字车间的大量使用，智能化生产（向智能化转型）替代了传统的劳动模式，节约了成本，同时提高了制造业企业的整体生产效率。例如，一汽大众汽车有限公司青岛分公司涂装车间，2020 年以来，得益于数字化自主应用，该公司涂装车间降低能源费用 300 万元/年，关键设备停台下降 30%，工作效率提升20% 以上，该车间成功认证为 "2021 中国汽车行业标杆数字化车间"。再如，一汽解放采用 5G＋3D 机器视觉检测，每条产线减少 12 名工人，检测效率提升 35%；AI 智能摄像机采集工位人员实时操作画面，算法服务器判断员工操作和行为是否合规，通过声音和画面提醒员工，降低80% 安全事故[①]。

数字技术加强了供给侧和消费侧的联系，由于通过大数据技术企业能够精准了解客户和消费者需求，而精准、实时、低成本地顺应和响应消费者的意愿和需求，可以实现个性化定制，重塑生产过程，由原来大规模生产向个性化定制生产转变，大大提升生产效率。而个性化定制生产，大大减少了甚至消除了库存，降低了生产成本，更好地满足了消费者的需求，也提升了企业的利润空间。因此，柔性化生产、个性化定制成为未来趋势，也成为制造业企业提升核心竞争力的关键。例如，青岛酷特、海尔等企业都通过运用数字技术，实现了智能化、个性化、柔性

---

① 资料来源：笔者对青岛市即墨区的实地调研。

化生产。

（二）重塑产业生态

数字技术使得大企业和中小微企业从竞争协作关系转变为网络化共生关系，改变了产业业态。数字经济与制造业相融合，催生了新的服务，新的智能制造方式催生出研发、设计、软件服务等生产性服务；智能产品采集的数据，会形成数据服务如远程设备维修、用户数据服务等。通过数字技术，不仅可以实现智能生产、电子商务、研究开发、移动办公等分散应用的连接整合，而且可以实现上下游企业的联动，将产业链不同部分连接起来，从而实现全产业链生态系统的重塑和完善优化。例如，即墨汽车产业的产业链协同模式也在逐步形成，即墨汽车产业已形成了以一汽大众、一汽解放、一汽新能源三大整车为龙头，聚集 130 余个重点项目的产业集群，依托整车企业对集群进行改造升级，初步实现了总装厂与零配件企业之间协同制造模式。

（三）拉伸产业链条

大数据的运用使产业链向上下游扩张，延伸了产业链长度，扩展服务环节。从产业链左端看，数字经济下的平台经济，改变了企业原来的研发模式，即主要由企业的研发团队主导，研发活动与消费者基本没有关系。而在数字经济下，一方面，消费大数据的汇集能让企业了解更多市场动向和消费者需求，可以及时调整研发方向和内容；另一方面，也可以通过数字平台让消费者参与到研发设计中去，使得企业由原来的封闭式研发向开放式研发、众包型研发转型，从而提升了企业的技术创新能力。例如，小米、特斯拉等在研发设计环节都让消费者参与其中，不断提升研发创新能力。同时，数字经济下，知识、信息、技术等高端要素的流动加快，有利于资源共享，企业能够大幅度降低信息搜索、传递、加工和攫取成本，以较低的成本获取相关知识和技术资源，降低研发成本，提高创新效率①。

---

① 杨水利，陈娜，李雷. 数字化转型与企业创新效率——来自中国制造业上市公司的经验证据 [J]. 运筹与管理，2022 (5)：169－176.

从产业链右端看，数字技术的引入，多元化的智能产品和服务投放市场，极大丰富消费者用户体验。数字技术尤其是电子商务的快速发展，为企业和产业发展提供了更广阔的市场空间。数字技术催生了新的商业模式，C2M、O2M 新模式层出不穷。通过线上、线下的多渠道交互实现供需两端的精准高效对接，消除了信息不对称，重塑了消费形态。当前，平台经济如阿里巴巴、京东、抖音直播带货等的流行，减少了商品流通的中间环节，降低了交易成本，增强了市场的公开性和透明度。另外，可以借助网络平台包括跨境平台，提高我国企业产品的知名度和美誉度，打造中国企业品牌，推动向价值链右端攀升。

基于用户的交易数据、用户行为、用户特征数据等搭建起来的大数据平台，企业能够实现研发的精准化和营销的精准化，能够为用户提供更好的服务。正是由于数字技术下的智能制造将研发、制造、服务紧密相连、融为一体，通过生产服务化、产品智能化、服务数据化，大大提高了生产制造的价值含量，改变了微笑曲线的形状①。

（四）推动组织（管理）创新

数字经济时代，制造业企业面临的内部和外部环境发生了重大变化，企业面临的竞争更加激烈，市场需求出现个性化、多样化的趋势，生产方式亦是发生了重要变革，企业需要不断提升整合各类资源包括数字资源的能力，这就要求企业实施组织变革和创新，以柔性化的结构应对其面临的动态环境，组织边界越发模糊，走向跨界融合和开放式发展。组织机制从过去的集权管控走向授权赋能，从过去的单决策中心走向多元化决策中心，由管理层的经验决策走向基于大数据的决策。即从原来的集权式的层级制、等级制、金字塔型组织形态向分权式的网络式、扁平化、平台式的组织形态转变，并大大提高了管理效率。如海尔为了构建能为顾客提供更好服务的组织结构，由传统的科层制度变革为平台型组织结构；采用了员工创客制度，大大增加了员工的权力，方便为用户提供个性化服务；采用

---

① 汤潇. 数字经济——影响未来的新技术、新模式、新产业［M］. 北京，人民邮电出版社，2019.

"平台＋小微企业"这一扁平化的组织，实现了企业与用户的共赢。再如青岛即发集团数字化改造后，管理效率提升30%①。

第二节　山东制造业数字化发展成效

一、支持制造业数字化的政策渐完善

近年来，山东省委、省政府高度重视，积极推动信息技术与制造业融合发展。2014 年山东省发布实施了《山东省信息化和工业化深度融合专项行动方案（2014—2018 年）的通知》②，2017 年又发布了《深化制造业与互联网融合发展的实施意见》③，对山东省制造业与互联网融合进行指导和推动。2019 年，山东省发布了《数字山东发展规划》④，提出"推动数字技术与实体经济深度融合发展，加快数字产业化和产业数字化，建设全国重要的数字经济引领示范区"。2020 年通过《数字山东2020 行动方案》⑤ 和《山东省推进工业大数据发展的实施方案（2020—2022 年)》⑥，布置了产业数字化的具体行动。2021 年印发了《山东省"十四五"数字强省建设规划》⑦，提出要发展融合创新的数字经济，加速工业数字化转型，加快数字赋能新制造，深入推动工业互联网发展，构建工业大数据生态体系。

① 张嘉麟，李蕴辞. 工业互联网情景下的企业组织变革 [J]. 商场现代化，2022（2）：108 - 110.

② 山东省经济和信息化委员会关于印发山东省信息化和工业化深度融合专项行动方案（2014—2018 年）的通知 [EB/OL]. 山东省人民政府网，2014 - 6 - 14.

③ 山东省人民政府关于贯彻国发〔2016〕28 号文件深化制造业与互联网融合发展的实施意见 [EB/OL]. 山东省人民政府网，2017 - 7 - 25.

④ 数字山东发展规划（2018—2022 年）[EB/OL]. 山东省人民政府网，2019 - 2 - 27.

⑤ 山东省人民政府办公厅关于印发数字山东 2020 行动方案的通知 [EB/OL]. 山东省人民政府网，2020 - 4 - 3.

⑥ 山东省人民政府办公厅关于印发山东省推进工业大数据发展的实施方案（2020—2022 年）的通知 [EB/OL]. 山东省人民政府网，2020 - 12 - 20.

⑦ 山东省人民政府关于印发山东省"十四五"数字强省建设规划的通知 [EB/OL]. 山东省人民政府网，2021 - 7 - 21.

　　山东将新一代信息技术与制造业加速融合发展作为主战场，通过实施智能制造"1＋N"带动提升行动及工业互联网"个十百"工程等，全方位推进制造企业数字化转型。山东在全国率先建立"现代优势产业集群＋人工智能"推进机制，出台全国首个"推动工业设备上云"指导意见，工业互联网发展已全面起势，并走在全国第一方阵。截至2021年6月，山东两化（信息化与工业化）融合发展水平已达62.4，居全国第二位；海尔卡奥斯、浪潮云洲连续入选国家跨行业跨领域平台，目前已培育省级工业互联网平台115个，并培育建成一批在全国具有一定影响力的行业平台，全省约15%的规上企业已应用工业互联网；山东半岛工业互联网示范区成为工信部批复的全国第二个示范区，济南—青岛人工智能创新应用先导区加快建设，国家级特色专业平台数量全国第一。深入开展"云行齐鲁"活动，在全国首创"云服务券"补贴制度，累计发放补贴超过1.4亿元，带动上云用云企业22.6万家。培育人工智能＋、5G试点示范项目603个，遴选实施"现代优势产业集群＋人工智能"试点示范项目370个，新应用新模式新业态不断涌现①。

二、打造工业互联网平台，促进产业数字化

　　随着数字化浪潮席卷全球，工业互联网作为工业全要素、全产业链、全价值链连接的枢纽，在驱动山东省制造业数字化、网络化、智能化转型升级方面发挥了重要作用，成为制造业转变发展方式、优化产业结构、转换增长动能的新引擎。海尔卡奥斯、浪潮云洲、橙色云、蓝海入选国家跨行业、跨领域平台，占全国的1/7。2022年上半年，累计开通5G基站13.3万个，建成运行济南、青岛国家级互联网骨干直联点，成为国字号数字基建"双枢纽"唯一省份。2022年山东深入实施"云行齐鲁·工赋山东"专项行动，带动上云用云企业数量达到38.2万家，建成一批5G全连接工厂和全场景数字经济园区，以数字化、智能化引领骨干优势产业向产

①　"十三五"期间山东数字经济总量突破3万亿元 年均增速超过30%［EB/OL］. 中国山东网，2021－4－2.

业链价值链中高端突破，全省产业数字化发展总体水平在工信部测评中位居全国第二①。

（一）卡奥斯工业互联网平台

COSMOPlat 创建于 2017 年 4 月，是海尔推出的具有中国自主知识产权、全球首家引入用户全流程参与体验的国家级"跨行业跨领域"工业互联网平台。其核心是大规模定制模式，通过持续与用户交互，将硬件体验变为场景体验，将用户由被动的购买者变为参与者、创造者，将企业由原来的以自我为中心变成以用户为中心。海尔利用 COSMOPlat 将用户需求和整个智能制造体系连接起来，让用户可以全流程参与产品设计研发、生产制造、物流配送、迭代升级等环节，以"用户驱动"作为企业不断创新、提供产品解决方案的源动力，把以往"企业和用户之间只是生产和消费关系"的传统思维转化为"创造用户终身价值"。卡奥斯 COSMOPlat 更侧重于应用端，为企业数字化转型实施层面提供能力。截至 2020 年 9 月，卡奥斯 COSMOPlat 用户全流程参与的大规模定制模式，已在全球 25 个工业园和 122 个制造中心以及 17 家互联工厂样板中落地实践。在此基础上，卡奥斯 COSMOPlat 也在积极牵头制定行业标准、承接国家标准战略，先后主导和参与了 35 项国家标准、5 项国际标准的制定工作。卡奥斯已为 15 个行业提供数字化转型服务②。截至 2021 年底，仅在青岛就赋能企业 3561 家，新增工业产值超 210 亿元③。

（二）浪潮云洲工业互联网平台

浪潮工业互联网定位为工业互联网基础设施建设商和制造业智能化转型综合服务商。浪潮云洲工业互联网平台连续三年入选国家级双跨平台，在市场地位、发展能力等方面占据领先地位。平台聚焦装备、电子、

---

①　高效激发发展新动能——山东增强经济社会发展创新力观察（下）［N］. 大众日报，2022 – 8 – 11.

②　海尔卡奥斯：让中国智造联通世界［EB/OL］. 中国产业经济信息网，2020 – 10 – 12.

③　"工赋青岛"获评 2021 青岛年度高质量发展创新典型案例［EB/OL］. 崂山政务网，2022 – 6 – 28.

化工、制药、食品、采矿6个关键行业领域，提供全云化、全场景的制造业智能化转型工业解决方案，突破标识解析、工业安全、确定性网络三大核心技术，着力打造世界级工业互联网平台。另外，成立科学研究院，着力突破标识解析、工业安全、确定性网络等关键核心技术，为工业互联网公司有效发挥作用，提供技术支撑。浪潮云通过整个工业互联网链接生产设备、产品和企业各个职能部门的业务，汇集工业大数据，为企业、服务商、开发者提供全要素、全产业链、全价值链的服务。浪潮云洲工业互联网平台通过构建全球最大的分布式云，提供涵盖 IaaS、PaaS 和 SaaS 的全方位应用服务，累计解决方案超 200 项，服务企业超 128 万家①。基于云洲工业互联网平台，打造智能生产线、信息化系统和 5G 边缘云融合的智能工厂；轻骑铃木、泰山钢铁、山水集团、轨道交通等，运用浪潮云洲平台，实现了设计、生产、供应链、财务、分销的全面信息化深度集成，实现了设计生产供应一体化、业财一体化、分销流向追溯一体化；在航天、船舶、制药、装备制造、化工、造纸、食品等20多个行业成功应用；浪潮云打造的"机床云"，通过打通机床产业"设计、生产、交付运行、后服务"的全链条，已经帮助机床生产企业大大提升了运营效率②。

（三）好品海智工业品平台

2015 年，青岛开创了全球一站式零部件采购及关键模组交付服务平台，旨在帮助全球买家实现数字化、智能化、透明化的按需定制，提升零部件行业多品类不同批量的整体采购效率，优化采购寻源及供应链管理成本。同时，海智在线依托平台的工程设计能力和制造能力，为新兴产业链的产品研发和后端生产供应链落地提供从结构设计、工艺设计到材料选型、生产加工、质量检测、产品包装、物流发货的全流程产品交付解决方案。目前海智在线积累了全国涵盖机加工、钣金、冲压、注塑、铸造、模具、表面处理等主要工艺的 60 万家工厂资源，和医疗健康、智能家居、消

---

① 浪潮云洲已为茅台、格力、美的等128万家企业提供服务［N］. 齐鲁晚报, 2020 - 9 - 24.
② 李俊, 渠红颖. 山东省制造业数字化路径研究［J］. 合作经济, 2021 (9): 4 - 6.

费电子、工程机械、汽车、军工、船舶、航天航空等众多领域的近2000家优质供应商，已帮助全球100多个国家和地区的买家完成零部件及产品的采购①。

（四）烟台橙色云工业产品研发设计协同平台

烟台杰瑞石油服务集团股份有限公司于2015年11月成立了全资子公司橙色云设计有限公司，创建互联网平台经济下的工业产品协同高效设计模式，在全球首创第一个工业产品研发设计协同平台OrangeCDS（橙色云），向全球范围内尤其是西方发达国家的先进工业设计体系借智，为我国制造业价值链迈上中高端提供强大助力。该平台主要面向特种装备、工业制造、软件与信息化、先进农业、环保装备、智能生活装备六大领域，将传统线下服务转为线上供需直接对接，极大降低了供需双方的搜寻、沟通、合作成本，将平台打造为链接全球设计供需方的大数据智能化数字中枢，为中小微制造业生产能力快速跃升打开了上升通道。橙色云OrangeCDS平台独创"协同研发设计"模式，可组织多家供应商承接一个项目，运用杰瑞十几年自主研发形成的工业产品协同研发方法论和工具，采用大数据和云计算技术，搭建线上协同研发设计环境，提供各专业领域的专家顾问团队进行全程项目管控，以实现真正的跨地域、跨专业全过程研发协同和在线评审交流等功能，推动大规模高效协同设计，最大限度地使实体制造企业融入全球开放式创新进程。OrangeCDS是国内外唯一一家采用这种模式的平台，蕴含颠覆性创新理念，能够重塑整个行业生态，具有两大显著特点。一是提供安全可靠协同设计环境，大幅降低设计成本。二是将设计信息在供需双方中共享，大幅提高研发速度。橙色云的独有运营设计模式为个性化定制提供了方便快捷的有效途径。目前已经取得了较好的成效。

山东省各市积极搭建各种平台，推进制造业数字化转型。以威海为例，威海加快迪尚集团服装云设计平台建设—尚织平台，通过提升创意设计水平、自主品牌建设、供应链建设，以及电子商务和实体店铺的互补发展，实现品牌和规模的双扩张。尚织平台能链接全球3000多名设计师、

① 模具工业的发展"云梯"［EB/OL］. 搜狐网，2020－10－30.

4000 多家面料商，利用 3D 创新设计技术，结合虚拟缝制，直观看到成衣效果，甚至面料的纹理，实现"一键全球选料和下单"。迪尚打造了国内首个纺织服装垂直生态供应链平台，将新产品研发周期缩短 2/3。面对新冠疫情造成的影响，迪尚借助数字赋能，逆势上扬，全球销售收入连续增长 15% 以上①。打造联桥集团毛衫纱线产业协同创新平台，采取"线上智能共享云 + 线下纱线馆 + 设计研发中心"的 O2O 运作模式，增强供应商、采购商在平台的体验，以平台流量为聚焦、线下推广为后盾，成为资源集聚整合能力强、专业服务水平高的行业创意平台。再如，肥城设立了全省首个县级工业互联网创新中心——华为（肥城）工业互联网创新中心，石横特钢借助这一平台，打造出智能配煤系统，相比传统人工配煤方法，智能配煤方案准确率超过 98%，每吨焦炭的用煤成本平均降低 15 元左右，解决了人工配煤不精准造成的炼焦成本高的难题②。

三、加快推动两化融合，促进企业数字化智能化转型

山东省两化融合居全国前列，涌现了一批示范企业。当前，全省工业企业两化融合进展较快，实现网络化协同的企业比例为 50.0%，开展服务型制造的企业比例为 45.9%，开展个性化定制的企业比例为 17.9%，智能制造就绪率为 19.8%，工业云平台应用率为 62.3%，生产设备数字化率为 56.1%，数字化研发工具普及率为 87%，关键工序数控化率为 59.2%，应用电子商务比率为 76.1%，双创平台普及率 91.8%③。根据我们所做的问卷调查（见图 5 - 1），受访者所在企业数字化转型所处阶段中，企业范围内推广的企业占比为 32.1%，试验（试点）阶段的企业占比为 23.2%，评估（规划）阶段的企业占比为 26.8%，未规划或评估阶段的企业占比为 17.9%。涌现出一批示范企业，如海尔集团、潍柴动力、国网山东省电力

---

① 五年突破看威海｜一个平台链接全球！看传统纺织服装产业如何实现"跨国定制". 闪电新闻，2022 - 7 - 18.

② 高效激发发展新动能—山东增强经济社会创新力观察（下）［N］. 大众日报，2022 - 8 - 11.

③ 资料来源：山东省两化融合服务平台网。

公司、青岛酷特，等等。

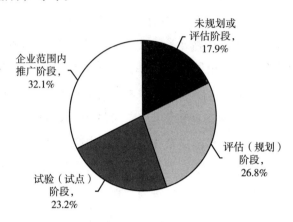

图5-1　受访者所在企业数字化转型所处阶段

（一）潍柴动力的数字化转型

潍柴动力从2003年开始进行大规模信息化建设，建成了"6+N+X"的信息化体系架构：一是建成了ERP、PLM、SRM等6大业务运营平台；二是建成了BI、合并报表等N个支撑平台；三是建成了企业的数据总线、核心网等X个基础设施，在全球搭建了数据的高速通道。在新一轮的"互联网+"转型浪潮中，潍柴动力坚持以两化融合为发展的核心理念，以智能制造为主攻方向，通过将大数据、云计算、人工智能等新一代信息技术融入企业研发、生产、销售、服务等运营全过程，将潍柴打造成为一个数字化的智慧企业。以研发为例，潍柴对发动机研发流程进行优化，建设了具有强大功能的、完整的、基于互联网的支撑全球协同研发的PLM平台，利用各地专业化技术优势资源，使同一项目可以在不同地区进行同步设计、协同研发，加快了研发进程，大大缩短新产品推向市场的时间。以配套海监船的发动机为例，通过四地协同研发模式，研发周期由原来的24个月缩减至18个月，整体研发效率提升25%，并为后续研发存留了大量有用数据[①]。通过以客户价值为牵引的五大核心业务流程端到端贯通，优化

---

① 潍坊借力"互联网+"优化产业结构 创新打造两化融合升级版 [EB/OL]. 齐鲁网，2015-6-16.

企业资源配置、大幅提升运营效率，真正为客户带来了全方位全过程的个性化定制服务，实现了企业由生产型制造向服务型制造的转变，为企业开辟了后市场服务的创新商业模式。依托智能制造示范基地、数字车间，构建起了具有潍柴特色的智能制造模式，并加快推进潍柴智能工厂建设和工业互联网规划，引领企业走在智能化制造的前列，带动了行业的智能制造水平。潍柴动力获得 2016 年度山东省两化融合优秀企业、2017 年全国两化融合贯标试点和贯标示范企业①。

（二）山东康平纳的智能化数字化转型

山东康平纳建设智能工厂，推动数字化、智能化生产。在中国纺织工业以科技创新为引领，加快推动行业迈向高质量发展新阶段的进程中，山东康平纳集团是其中的杰出代表。在山东康平纳集团的筒子纱染色车间，工人轻按摁钮，就完成了对整个生产线的控制。机器人作业区，缓存架上整齐摆放着已经完成染色的筒子纱，机械手忙碌不停，偌大的车间内只有 1 名工人在有条不紊地巡视设备。筒子纱数字化自动染色成套技术大幅度提高了纺织染色的质量效率和节能减排水平。建设智能染色工厂，实现从坯纱到色纱成品全流程的数字化和智能化生产，是康平纳以"筒子纱数字化自动染色成套技术与装备"为技术基础，进行数字化、信息化、智能化全面提升，进而实现的又一次发展大跨越。为加快"筒子纱数字化自动染色成套技术与装备"重大科技成果产业化推广步伐，康平纳在泰安本部建设年产 2 万吨标准化、可复制智能染色示范工厂。

与传统染色方式相比，新的生产模式可节约用工 80%，提高生产效率 28%②。随着全国各地印染落后产能"环保关停潮"的到来，采用先进技术及装备提升行业生产过程的数字化、智能化、集成化以及绿色化成为行业发展的必然趋势，将智能染色重大技术成果惠及行业，淘汰印染产业落后产能，实现集中印染、集中排放、集中处理，减少污水排放，提高产品

---

① 全国两化融合贯标，示范企业山东 3 家，试点企业山东 54 家［EB/OL］. 大众网，2017 - 8 - 26.

② 十年磨一剑 山东康平纳以智能绿色制造推动纺织高质量发展［EB/OL］. 齐鲁网，2018 - 9 - 20.

质量，实现智能制造、绿色生产，推动传统产业向智慧型现代产业转变，是实现纺织行业高质量发展的必然路径。

为实现多个区域性智能染色工厂的协调创新、远程管控，康平纳依托本部标准化智能染色示范工厂，产学研联合建设集智能印染技术协同创新、创意设计、定制交易、远程管理、人力资源培训、市场共享等功能于一体的 1 个智能云平台，实现对分布式工厂的集中管控，从而适应市场的快速变化。基于云平台、大数据、物联网技术的 1 + N 印染行业管理生产新模式，搭建纺织印染智能专业化综合平台，汇聚筒子纱染色生产上下游等资源，实现筒子纱染色行业全流程协同研发制造。康平纳的目标是通过"智能制造"和"绿色制造"，在高起点上突破印染短板，以新技术催生新模式、以新模式引领传统产业转型发展，带动山东省纺织工业跨越发展。这既是技术创新的范例，又是数字化应用的范例。

（三）青岛酷特打造 C2M 模式

青岛酷特是利用数字资源最早采用 C2M 模式的一家服装企业，过去十多年积累了超过 200 万名顾客个性化定制的版型、款式、工艺和设计数据，在此基础上推出了国内首个服装个性化定制平台。酷特智能工厂被称为智能制造的示范项目，是因为酷特智能大数据的应用。酷特智能 C2M 是产业互联网，是传统产业和互联网嫁接，C 是消费者在终端先提出个性化需求，省略所有中间渠道直接对接 M 工厂，由工厂直接满足消费者的个性化需求。

针对 M 端，酷特主要做了这两件事，一是构建四个核心数据库。如版型数据库，版型库有上百万亿个版，实时出个性化定制的版，降低成本，提升效率；款式数据库，很多款式是消费者在终端提出的需求，加入款式数据库；供应数据库和 BOM 数据库，建立了全数据驱动的个性化解决方案，改变了传统生产销售模式，按需生产以及产品个性化生产，最大程度解决了成品库存问题。二是在智能工厂基础上升级改造，确保快速低成本生产出定制化产品。2011 年，将 C2M 作为战略之后将改造方法形成工具输出；2016 年，正式推出一整套解决方案。

针对 C 端，酷特建立了创业平台，支撑起 50% 的国际市场和 50% 的国内市场①。酷特智能通过创建个性化品牌，提供全套解决方案。一是研发设计，企业根据创业者的需求，研发设计全品类产品；二是 3D 设计软件的研发让创业者可以根据终端客户的需求实时设计、实时呈现；三是为创业者提供采购端，通过网络下单，第三方物流配送。

创业平台建立后，客户结构发生了很大变化，绝大部分定单源于懂服装、懂营销的创业者。酷特平台最重要的是数字化管理体系的建立，激发全员自主能动性，提升效率，同样也提升了客户满意度和忠诚度。对于终端来说，可以通过数字化更精准地满足客户需求。

酷特智能依托服装个性化定制云服务平台，推广大规模个性化定制、工业化生产全流程数字化解决方案，已落地服务 80 余家企业，带动即墨区发展起恒尼内衣、兆龙门窗建材、优本生活家具等一大批个性化定制企业。其中，恒尼智造在改造后，新产品研发周期从 3 ~ 6 个月缩短到 1 个月，制品不良率由 2.15% 降低到 0.08%，织耗成本下降 25%，合格品率提升 3 个百分点②。

（四）烟台万华积极推动数字化转型

2008 年，烟台万华的 SAP ERP 系统全面上线，标志着万华正式进入信息化时代。2018 年，万华成立集团信息化战略委员会，开始了数字化转型的探索和实践。围绕智慧研发、智能制造、智慧供应链，成功实施全球主要数字治理、电商平台、物流管理、产品全生命周期管理、全球 HSE 信息化平台等项目。全球主要数字治理项目打造了全球统一规则、统一标准、多语言的主数据治理平台，为万华全球化管控及战略整合奠定了数字基础；电商平台作为数字化转型的切入点和突破口，实现从下单到发货"一站式"完成，为客户提供安全、高效、友好的数字化交互方式。安全是化工企业的"生命线"，万华设立的全球 HSE 信息化平台，从"人、机、料、法、环、信"六个方面，将分散在各个系统中的不同信息通过工业物联网实现信息互联互通、消除信息孤岛，基于数据分析提出优化方案，提

---

① 适应个性化需求 打造 C2M 创新举措 [EB/OL]. 光明网, 2020 - 9 - 30.
② 资料来源于作者对青岛即墨的调研。

高工业企业生产管理水平，推动企业的可持续性发展，为工业企业的安全生产保驾护航。烟台市万华化学集团股份有限公司"化工行业安全生产管控工业互联网平台"项目成功入围2020年全国工业互联网试点示范项目。万华化学集团拥有供应链上下游的上万家供应商以及十几万的下游终端商家，通过此项目的建设，可实现并带动一批企业的数字化、网络化和智能化转型，工业互联、工业数据和资源共享，全价值链提升行业的数字化、网络化、智能化和安全生产的水平。2020年，万华集团基于5G的智慧化工园区一体化管控解决方案入围省级"强弱项、补短板"重点项目，万华新材料大数据产业化应用项目成功入选2020年工信部大数据应用示范项目。万华的数字化转型，数字化平台全面更新为智能制造平台、经营管理平台、智慧决策平台、生态圈协作平台和协同办公平台，为国内企业数字化转型提供了样本和示范。

第三节　山东制造业数字化发展存在的主要问题

一、对制造业数字化认识不足

数字经济作为一种新型经济业态，对现有经济的方方面面都会产生影响，甚至带来颠覆性变化。产业数字化是实体经济转变经济发展方式，实现新旧动能转变，从而推动整个经济实现高质量发展的重要推动力。目前，山东从省级层面对发展数字经济比较重视，推动数字经济发展，包括推动产业数字化发展的相应政策措施陆续出台。但从全省看，总体上各市重视程度不够，氛围不浓。县一级产业数字化的重视程度更是参差不齐；有的地方发展数字经济，包括产业数字化缺少顶层设计、发展规划。对数字经济的理解不到位、重要性认识不足，没有把产业数字化当作实体经济的重要组成部分、当作实体经济转型升级的重要抓手；对于推动本地产业数字化发展缺乏具体的举措。

从企业层面看，一些制造业企业，特别是广大中小企业应用数字技术意识不强，缺乏工业互联网、智能制造等领域的思维理念和技能素质，缺乏数字化转型思维，满足于现状，对通过数字化促进企业技术改造、生产流程改造，不够重视；有的企业管理层对数字化、信息化的认知不足，以为企业的数字化、信息化就是搞电子商务，更侧重于销售端；也有的企业虽然意识到数字化转型的重要性，但是担心数字化转型投入的成本大而预期收益较低，也缺乏成功的数字化转型经验和相关可靠的信息服务企业。总的来看，企业的数字化应用没有全面铺开，中小微企业的数字化进度和程度明显落后于大型企业。因此，这就造成制造业数字化发展不均衡。

二、工业互联网平台与企业生产运营融合度不够

虽然山东工业互联网平台建设步伐较快，居于全国前列，但在应用方面还有待提高。2021 年 7 月国家工业信息安全发展研究中心发布的《工业互联网平台应用数据地图》数据显示，2020 年山东工业互联网平台应用水平得分为 31.87，略高于全国平均水平，低于广东、江苏、浙江等省份，位列全国第五。从平台应用的广度来看，2020 年山东工业互联网平台普及率为 15.49%，略高于全国 0.82 个百分点。山东企业工业设备上云率为 12.19%。而从平台应用的效果来看，2020 年山东有 17.39% 的企业尚未做好应用平台的准备；仅有 15.5% 的企业能有效应用平台并实现核心竞争力的提升。上云企业数量不够多，这样就不能形成完整的工业互联网产业链，不利于构建行业生态。截至 2021 年，山东省累计两化融合贯标企业为 2182 家，而广东为 5218 家，江苏 4328 家，福建 3848 家，安徽 3320 家，河南 2839 家，浙江 2279 家，山东在全国只排到第 7 位[①]，其中通过评定企业数量为 733 家，通过评定企业数量占比约 33.6%，与山东省产业数字化总体规模不匹配。

三、产业、企业间非协同发展

山东省制造业门类齐全，企业数量巨大，企业规模大小不一，数字化

---

① 资料来源：两化融合管理体系工作平台。

应用情况差别较大，不同行业、不同企业的数字技术应用程度、数字化水平存在较大差距。轻运营产业优先完成数字化，重模式产业由于线上线下信息对接不上、业务融合不完全等问题难以实现有效转型。一些规模较大、技术水平较高、实力较强的制造业企业，其数字化水平较高，如前文所述的海尔、万华、酷特、潍柴等，但中小企业应用水平较低。目前，驱动中小型企业数字化转型的因素主要是降低成本、提高生产效率、满足市场需求等。在新冠疫情的反复冲击下，传统企业数字化转型成为缓解市场竞争压力的重要支撑。但从实际情况来看，中小型企业在数字技术应用方面大多面临困难。如资金问题，根据我们的问卷调查（见图5－2），企业数字化转型的资金来自企业自有资金的占比为89.3%，银行贷款占比为27.7%，政府扶持资金约为19.6%。而不少中小型企业自有资金不足，资金紧张，融资难、融资贵的问题一直没有得到根本解决。由于缺乏数字化转型的基础设施、资金、技术、人才等，中小型传统制造业企业信息化、专业化程度不高。并且大部分应用数字技术的企业局限在使用信息手段办公或进行财务及人员管理、产品销售等方面，在数据采集、数字化会议、数字化生产等方面使用率较低，还有一些传统中小企业没有任何数字技术的应用，产业协同难度较大。目前，现代企业之间无论是从要素、人员流动，还是产品和业务方面都有密切的联系，已经形成了密切的产业链。如果产业链上下游企业没有充分应用数字技术，也会制约头部企业数字化的应用。而且从跨行业制造业生态角度看，各个企业和行业数字化水平的差距，也会制约整个制造业数字化生态的构建，制约制造企业数字合作与协同创新的效率。

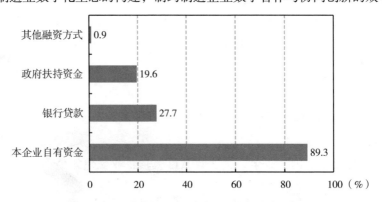

图5－2　受访者所在企业数字化转型的资金来源

四、相关人才短缺

人才是制造业数字化转型的重要支撑，相关技术人才的缺乏，成为制约制造业数字化转型升级和高质量发展的重要因素。制造业数字化亟须大量复合型、跨界型的数字人才，尤其是同时精通制造业技术关键环节和信息技术的人才，才能顺利实现场景模拟及转换，这种融合型、多维型人才非常稀缺，缺口短期内难以解决。与消费领域数字化转型主要依靠海量互联网用户的"人口红利"相比，生产领域的数字化转型将更加依赖"人才红利"。当前无论是从总量还是结构看，均无法满足传统制造业数字化转型的需求。

企业内信息化专业人才比较紧缺，特别是缺少既熟悉企业管理又懂专业技术的复合型人才，数字化管理团队建设滞后。一方面，懂企业管理的管理层人才，不懂信息化技术，无法明白企业需要何种技术；另一方面，懂技术的专业人才，不懂企业管理需求，无法将技术融入综合管理需求中，影响了企业的工作效率和生产能力。从整体看，企业对信息化人才的引进、使用、培训重视不够，许多企业还没有建立起信息化专业岗位。

五、数字要素市场不成熟，数据收集和畅通不足

当前，制造业数字化主要是由政府政策来推动的，数字要素市场不成熟，市场体系不完善，市场机制在数字资源配置中还没有起到决定性作用。从数字市场供给角度看，只有少数制造业企业基于自身数字化转型需要，开发工业互联网平台，从原来传统的制造业企业发展转变数字化集成解决方案和工业互联网供给企业（如海尔）；部分信息技术企业致力于为制造业企业提供数字转型提供解决方案，建设工业互联网并成为工业互联网供给企业（如浪潮）。从市场需求角度看，不少企业是在政府相关政策如税收、补贴等引导下产生对数字化的需求。市场上交易主体较少（从上云企业数量亦可以看出），也是市场发育不成熟的重要表现。

在数据收集和使用方面，主要存在"缺数""孤岛"两个问题。尤其

是中小企业数字化网络化程度偏低，80%以上的机器设备没有联网，数据采集难、成本高、效率低，很多企业仍然使用文档或更原始的方式进行数据管理。同时，在企业内部、企业之间、行业之间存在"数据孤岛"。如在企业中，由于开发时间或开发部门的不同，往往有多个异构的、运行在不同的软硬件平台上的信息系统同时运行，这些系统的数据源彼此独立、相互封闭，使数据难以在系统之间交流、共享和融合，从而形成了"数据孤岛"。而产业中"数据孤岛"现象更为突出，这一方面是源于企业对数据安全的考虑；另一方面是源于技术规范等因素的限制。这些都影响众多中小企业实施"互联网＋""大数据＋""机器人＋"，影响产业链上下游企业的合作和产业数字化生态的构建。

六、制造业数字化政策不完善

一是产业数字化统计核算不完善。国家层面虽然已经出台关于数字经济及其核心产业统计分类，即2021年5月27日国家统计局颁布《数字经济及其核心产业统计分类（2021）》，但是具体落实到实际工作中，遇到诸多现实问题。如产业数字化如何界定，虽然划分了范围，涵盖智慧农业、智能制造、智能交通、智慧物流、数字金融、数字商贸、数字社会、数字政府等数字化应用场景，但是产业数字化增加值的测算方法依然没有明确，各地认识不一。有些虽然范围领域有所规定，但在实际操作上存在许多困难。在产业数字化的统计各个地方计算标准不一，导致有的产业数字化统计数据无法对比，对产业数字化的实际情况不能科学、客观统计描述，从而对产业数字化的研究造成一定障碍。

二是数字产权保护政策需要加强。数字经济是新生事物，数字技术创新需要激励和保护。数字知识产权保护能够激励数字创造、数字管理、促进运用、规范市场秩序等。在数字经济时代，数字经济创新成果需要市场环境的公平，更需要知识产权制度保驾护航。由于数字知识产权保护是个系统工程，因此无论是完善数字知识产权保护机制、数字知识产权转移转化机制，还是建立"严保护、大保护、快保护"的知识产权保护格局，都需要从战略层面进行整体规划。而目前在数字知识产权界定或判定，行政执法和司法衔接机制不够完善，存在数字知识产权侵权易、维权难的现象，知识产权转移转化成效有待提高，知识产权服务供给不够充分，知识产权制度在促进数字经济发展方面的支持力度需要加大。

七、数据和网络安全面临挑战

在产业数字化转型过程中，物联网、大数据、云平台等新一代信息技术和高效的供应链关系，在助力企业降本增效的同时，也将直面四大安全挑战，即物联网安全、大数据安全、云安全和供应链安全。具体表现为：万物互联将导致工业互联网的暴露面增大并可产生直接物理伤害；工业互联网采集汇聚大量数据，带来数据泄漏/勒索/滥用风险；企业云已成为工业互联网安全的重大薄弱环节；供应链打通导致网络防护出现新的短板。尤其是在企业上云普及之后，数据分散化，导致数据的泄露和非法的访问风险加大。

第六章

山东服务业数字化发展现状

数字技术改变了服务业的传统属性，使服务业变得更有效率。山东以数字技术赋能服务业，服务业数字化得到快速发展。电子商务作为数字技术和实体经济深度融合的重要结晶，成为山东传统服务业数字化转型的新动能，多元化电子商务示范体系初步形成，并发挥了重要带动作用。进入"十四五"，山东服务业数字化转型全面推开，服务业重点产业领域数字赋能加速升级，以数字化、网络化、智能化为特征的服务业高质量发展进程加快推进。

第一节　服务业数字化的作用机理及实现路径

一、服务业与"低效率"之谜

按照传统的经济学理论，服务业是一个劳动生产率低的部门，在以服务业为主的经济结构中，服务业将拉低经济增长的速度。美国学者威廉·鲍莫尔研究发现，美国许多大城市由于服务业高成本，出现了"成本病"并引发财政危机。鲍莫尔是"服务业效率低"这一著名观点的主要贡献者[1]。

---

[1]　江小娟，罗立彬. 网络时代的服务全球化—新引擎、加速度和大国竞争力［J］. 中国社会科学，2019（2）.

国际经验也表明，服务业比重超过50%之后，随着服务业在国民经济中比重的不断升高，经济增长速度呈现下降趋势。2015年，我国服务业在经济总量中的比重首次超过50%，进入以服务业为主的发展阶段①。2021年，山东服务业占GDP比重达52.8%，服务业成为经济增长的主要贡献者②。2011年以后，我国经济增长速度进入了持续下行的轨道，山东也是如此。说明我国经济在进入到以服务业为主的阶段后，也呈现出经济增长速度持续下行的特征。这一世界经济发展史上规律性现象的存在，源于服务业是相对低效率的产业；而服务业之所以效率低，则源于传统服务业的本质特征。

一般认为，传统服务业具有以下特征：第一，无实物形态。服务生产者向消费者提供的不是具有物理形态的产品，而是满足特定需求的服务。如餐饮、教育、医疗、艺术表演、保安、家政等都是典型的服务业。第二，生产与消费不可分离。服务生产和服务消费在同一时间、同一地点进行，因此，服务具有"同步性""不可储存性""不可贸易性"，无法在此时生产而在彼时消费，也无法在一地生产而在另一地消费③。第三，异质性。大多数服务活动由人来完成，很难做到像机器那样精准，因此所提供的服务活动不可能完全标准化，也不可能像机器一样进行批量生产。同时，消费者的需求也是多样化的、个性化的，在很多情况下难以进行标准化的生产和交付④。

这些特征对服务业劳动生产率的增长产生制约。首先，技术密集度低。服务业活动相对简单，劳动密集程度比较高，尽管可以引入提高服务效率的生产工具，但通过技术创新引入高效生产工具的空间有限。像家庭护理、医疗、教育等多数传统服务业主要是人工服务，不宜普遍应用机器设备取代人工服务，难以通过高效率的生产设备提高效率。其次，难以实现规模经济效应。与制造业要素投入模式不同，服务业更多依赖非物质要素投入，即信息、知识、创意、人力资本等要素投入，这使得服务业不能

①　资料来源：《2021年中国统计年鉴》。
②　资料来源：《2021年山东省国民经济和社会发展统计公报》。
③　江小娟. 服务业增长：真实含义、多重影响和发展趋势 [J]. 经济研究，2011 (4).
④　李晓华. 数字技术与服务业"成本病"的克服 [J/O]. 财经问题研究，2022 – 7 – 18.

使用机器设备提高效率，这导致服务业缺乏规模经济，生产率长期保持在一个水平不变。尤其是需要直接接触的个人服务领域，其服务的质量和数量严重依赖于提供该服务的劳动量的多少。如医生看病，如果在一定时间内需要诊治的患者数量增加，很可能会伴随着医疗服务质量的下降。服务业生产和消费的同步性、不可储存、不可贸易，以及消费需求的高度个性化等特征，使批量、标准化、劳动分工等规模经济生产的基本要求得不到满足，若不能突破时间与空间的限制，难以依托规模经济中的专业化分工来提高劳动生产率。

　　近年来的国内外实践表明，数字技术的应用改变了服务业的传统属性。数字技术可以实现劳动力和劳务服务的分离，如美国保安公司普遍通过视频系统，将监视业务外包给中国和其他发展中国家的保安公司，大量发展中国家的低成本劳动力，无需跨境就能向全球提供服务，实现海外就业本土生活[1]。以互联网为核心的数字技术可实现服务的可存储、可贸易，如音像制品将音乐会这一无形服务过程变为有形产品，使生产和消费可以异时异地进行；信息、金融、物流和商务等生产性服务业具有相对较强的可贸易性；知识密集型服务业，通过信息网络提供远程服务，实现线上教育培训、网上交易、互联网医疗等服务；技术密集型服务业，可以通过数字技术将知识编为信息代码并进行标准化处理的操作将研发、设计、系统集成等服务贸易，这个过程可拆解为模块或信息片段，便于将此类服务分散于不同国家进行，同时以信息网络作为载体，将各服务消费者连接并实现同步[2]。新冠疫情成为传统服务业数字化转型的重要推手，在新冠疫情影响下，传统的教育、商务、会展、旅游、餐饮、零售等依赖客源和物理场所的服务行业，在网络和数字技术赋能作用下，产生了远程教育、电子商务、云会议、云旅游、外卖平台、网络购物等数字化新业态，使服务业在很大程度上脱离了其传统特征，数字化最早的电子商务也与时俱进，发展出直播带货等新兴服务业态。

---

　　① 江小涓，罗立彬. 网络时代的服务全球化：新引擎、加速度和大国竞争力 [J]. 中国社会科学，2019（2）.

　　② 李灵异. 数字经济对服务业结构优化的作用机制研究 [D]. 东北财经大学，2021：36.

二、数字技术作用于服务业的机理分析

数字技术作用于服务业，从微观主体层面，降低了服务产品提供者和消费者的生产成本和交易成本；从中观层面，促进了服务业的转型升级和产业融合创新；从宏观层面，产生了规模效应，促进了产出的增长和整体经济效率的提升。

（一）低成本效应

数字技术在服务业中的应用降低了服务产品的生产成本。传统意义上，服务业不能像制造业一样通过最大程度的规模经济实现生产成本的降低，但数字技术以低成本的方式解决了生产中信息收集难、处理慢、范围小等问题，降低了多样化的生产成本，可以更好地满足消费者个性化、差异化需求，生产者还可以通过数字化平台在线上出售服务、产品，利用互联网产生新型服务产品，极大摆脱了线下物理空间限制[①]，从而提高了服务产品的生产效率。

数字技术在服务业中的应用还有效降低了交易成本。数字技术影响的交易成本主要包括搜寻成本、复制成本、传输成本、追踪成本和验证成本等交易成本[②]。较低的搜寻成本，意味着消费者可以在线上搜索到符合自己个性化需求的商品，可简化商品价格的对比，有利于平台经济促成更普通的交易。信息商品与其他商品的不同之处在于，信息商品在被一个人消费的同时不会减少其他消费者的消费数量和质量。信息的"零"复制成本造就了数字经济拥有边际效用递增、边际成本递减的优势，这种优势有助于更多地聚集利基商品的分散用户。信息存储与传输的"零"成本，可以使任何地方的企业都能通过网络链接进入全球供应链，任何地方的消费者都可以获得同质的数字产品和服务。企业通过数字技术可以低成本跟踪目

① 李丽，张东旭，薛雯卓，张兼芳. 数字经济驱动服务业高质量发展机理探析［J］. 商业经济研究，2022（3）.

② 李灵异. 数字经济对服务业结构优化的作用机制研究［D］. 东北财经大学，2021：38－39.

标客户，有效了解客户需求，完善售后服务，帮助企业与客户间建立良好的营销关系，实现信息增值。信用数字化使客户与企业的身份验证变得更容易，通过在线评价等方式，将买卖双方的评价呈现在交易平台，方便市场参与者参考借鉴。

（二）结构效应

尽管服务业被认为是低效率部门，但并非所有的服务业细分行业都是低效率部门。服务业的构成较为庞杂，根据服务对象可分为生活性服务业和生产性服务业，根据出现时间的早晚可分为传统服务业和现代服务业。服务业内部各细分行业相比制造业具有更强的异质性，一般来说，零售、批发和餐饮服务等细分服务行业的技术进步较为缓慢，这些部门大多属于生活性服务业和传统服务业；而通信、计算机服务、交通运输服务、商务服务等细分服务行业由于可以较多地利用生产工具并持续地改进工具的技术，生产率增长很快，这些部门大多属于生产性服务业和现代服务业。作为具有广泛赋能作用的通用目的技术，早期的数字技术在产业领域的应用相对有限，主要是面向消费者，近年来随着大数据、云计算、移动互联网、物联网、人工智能等技术的成熟，数字技术的产业应用领域不断扩展、应用程度不断加深[1]。

在生活性服务业领域，随着收入水平的提高，服务消费中传统服务支出在下降，数字技术产品和服务消费占比越来越高。数字技术快速创造出新的产品、服务和商业模式，消费者不断尝试新的产品和服务，加快了消费的迭代速度[2]，创造出新的消费空间。随着数字技术水平的提升，越来越多的传统服务业岗位被机器所取代，例如，由消费者借助数字技术自助完成的服务，超市收银、餐馆点餐被移动支付、扫码或智能终端自助点餐所取代；具有重复性特征、相对容易被标准化或者通过机器学习等技术能够总结出规律并把它转变为算法、软件从而能够达到甚至超过人类水平的工作，如保安、客服、翻译、导游等领域相当比例的工作已经被智能监控

---

① 李晓华. 数字技术与服务业"成本病"的克服 [J/O]. 财经问题研究，2022 – 7 – 18.
② 江小涓: 数字经济提高了服务业效率 [J]. 山东经济战略研究，2020 (11).

和安保机器人、AI 客服、机器翻译、语音导览等数字技术和产品所取代。由此带来生活性服务业效率的提升。

在生产性服务业领域，数字化服务向产业全面赋能，能够提高整个经济的生产效率。研究表明，生产性服务业信息技术应用对生产率的促进作用要大于生活性服务业①。近年来，互联网产业链不断扩张，不仅将商品、服务提供者与消费者连结起来，还将这种连结延伸到制造过程、服务过程和信息反馈的全过程中，编织起一个由需求信息、原料采购、智能制造、物流网配送、消费体验构成的网络化生产组织。在生产由大规模标准化向分散化个性化转变、产品由同质向异质转变的同时，数字服务提供也呈现出全产业链嵌入的趋势②。这些新的数字服务形态包括产业平台、数字服务企业、创新企业等。一是产业平台。产业平台连接工业生产所有环节和多业务响应能力，将可以复用的数据资源沉淀到平台，结合各种通用数据分析工具，形成产业链可共享的共性数字服务功能并向各环节开放，使生产效率大幅提升，生产周期显著缩短。如海尔构建的全球首个以用户为中心的工业物联网平台"卡奥斯"，将大规模定制模式从以企业为中心转变为以用户需求为中心，将用户体验价值贯穿全流程，提高了产业生态圈的数字化协同效率。二是数字服务企业。以金融服务为例，金融科技推动了金融服务链条化场景化，从简单的产品提供转向平台化协同的服务生态体系，支持个性化场景化的金融服务，也能够嵌入到全产业链各环节中，协同提供金融服务。金融科技显著降低了金融市场的进入门槛，在供给侧摆脱了物理网点和营业时间的束缚，在需求侧被传统金融机构所忽略的长尾用户群体被纳入，金融服务可及性极大提升。三是创新企业。如数字设计服务平台，汇聚全系统资源并行研发形成全球创新网络，节约了研发成本，加快了研制进程。随着生产性服务和现代服务部门的扩张，服务业作为一个整体的总的生产率增速会提高。

数字经济的服务业部分属于技术创新活跃、生产率进步快的部门。信息传输、软件和信息技术服务业是技术密集度最高的产业之一，从世界范

① 张龙鹏，周笛．服务业信息技术应用与生产率提升—来自中国企业的经验研究 [J]．财贸研究，2020 (6)．

② 江小涓．高度联通社会中的资源重组与服务业增长 [J]．经济研究，2017 (3)．

围看，数字经济都是各国增长最为迅速的国民经济领域，其中又以信息传输、软件和信息技术服务业增长为快。新冠疫情下，数字技术为"非接触经济"发展提供了重要支撑。随着技术进步及细分行业在国民经济中比重的提高，一定会带动服务业整体生产率的提高。

（三）规模经济效应

服务业生产率的提高得益于数字技术应用带来的规模经济效应，数字技术与服务业的深度融合从供给侧与需求侧两个方面为服务业带来了规模经济[①]。

从供给侧看来，数字技术的连接能力消除了现场服务的约束，使服务提供者获得规模经济。一个平台可以连接数以亿计的用户，如线上教育，一个教师可以通过无数电子终端与听课者连接。数字服务的生产成本可能很高，但是网络空间零边际成本的特点可以为服务提供者带来规模经济效应。与数字技术深度融合的服务活动可以不以即时使用和消耗的形式呈现，而是以数码形式呈现。服务数码化的过程就是将原来不可标准化的服务进行标准化的过程。如新闻、电影、音乐等服务可以像工业产品一样"可储存""可贸易"，在网络空间，服务提供者可以在边际成本趋于零的条件下同时提供给数量众多的用户，消费者可以重复获取，经济规模显著变大，服务提供者的收入会大幅度增加，生产率随之显著提高。在传统的线下市场，由于销售空间、人员及库存成本的约束，企业通常会选择销售最畅销的产品。而在互联网空间，非畅销产品也有机会被展示出来，这些小众产品也可以通过搜索引擎被发现并获得非常可观的市场规模，产生"长尾效应"。另外，生产端的智能化也会带来服务业规模效率的提高和匹配效率的提升，如企业的智能推送、智能售后服务等。通过建立与消费者、产品、设备、应用场景等实时的网络连接，数字化服务企业能够掌握海量的实施数据，通过对这些数据的深度挖掘和分析，能够为企业创造更多价值，进而实现全社会产出的增长。

从需求侧来看，数字化产品（服务）具有非竞争性、非排他性特征，

---

① 李晓华. 数字技术与服务业"成本病"的克服 [J/O]. 财经问题研究，2022 - 7 - 18.

可以同时被不同的人使用。在数字化服务场景中，数字化服务的单位提供成本随着使用该服务的用户数量增加而下降，产生需求侧规模经济。互联网与全球潜在用户的连接，不仅使畅销数字化服务的用户规模无限拓展，还可以使大多数"长尾"商品的用户规模大增，进一步放大了需求侧的规模经济。需求侧规模经济的存在同样扩大了服务生产企业的收入，提高了服务业的劳动生产率。

从供需两侧来看，依托互联网，平台将相互依赖的众多供需方集合在一起，形成低成本高效率的点对点连结，供需精准匹配，从而改变了单个企业产生规模经济的条件，消除了传统商业模式从生产到消费中间存在的多层营销体系，显著降低了交易费用，尤其可以使小微企业摆脱规模小的不利影响[1]。在一种特殊类型的平台，个人或企业在平台上出售富余时间、服务能力或小额闲置资金等，形成共享经济。共享经济为服务提供者带来额外收益，为消费者提供低价服务，节约了社会资源，进而实现全社会资源利用效率的最大化。

三、数字技术赋能服务业的实现路径

（一）以数字技术深化服务业分工

数字技术通过深化劳动分工提升服务业生产效率。个体之间排他性的"隐形知识"所形成的比较优势，成为服务业分工的基础。传统的经济形式无法将分散的"隐形知识"有效地组织在一起，而数字技术与现代信息网络的广泛应用为这些分散的知识提供了高效的传播途径，为更深层次、更细化的分工提供了条件。一是不同个体借助现代信息网络进行高速度、多途径和低成本的交流，快速认知、定位自身的比较优势，并由此进入社会化生产的分工网络。二是个体的"隐形知识"通过灵活的价格机制完成低成本高效率的信息交接，提高了分工的协调性。数字技术与现代信息网络极大地消除了价格信息传递过程的阻碍，增强了价格机制的时效性与弹性，提高了价格机制的灵活性。三是知识在网络的传

---

① 江小涓. 高度联通社会中的资源重组与服务业增长 ［J］. 经济研究，2017（3）.

播下迅速增长，为深化分工提供信息基础，深化后的分工会使更多个体形成新的"隐形知识"，进而形成新的分工，在网络效应的作用下转化为人类共享的知识和技能的积累，分工水平不断提高①。例如，能编码和标准化的知识，包括研发、设计、软件和系统集成等服务，可以分解为模块或片断在不同国家分散进行，通过网络即时连结和同步推进，提高了生产性服务的效率。

（二）以平台汇聚和有效配置资源

数字技术以创新的商业模式改变了传统服务业。作为一种全新的商业模式，"平台"推动服务业全面升级。互联网出现之前的实体平台规模有限，而依托互联网的平台凭借透明、共享和去中介化等优势，逐步消除传统商业模式的环节众多，重复生产，信息不对称、不及时等劣势，实现了资源的低成本汇聚和资源配置质量的显著提升。一是完善了服务的供给。"平台"以低成本为服务的供需双方实现了及时的匹配协调，提高了服务供给效率，为解决服务供给缺口提供新方案。二是改变了服务消费模式。区别于以往传统消费模式生产标准化、大众化的消费品，数字经济下的消费模式以消费者为中心，充分考虑消费者的需求，以需求反向引导生产，以生产者为中心的 B2C 模式逐渐被供需双方双向流动的 C2B 模式取代。三是实现了支付手段的数字化。从网络支付到现在被广泛使用的移动支付，极大地改变了居民支付习惯，强有力地推动了消费增长和消费结构的升级②。

（三）以人力资本提质消除服务异质性

制造业中知识、技术、创意等知识资本的载体主要是机器设备，伴随着机器设备对劳动力的替代，劳动密集度下降。但服务业一般不存在普遍性劳动密集度下降的情形，即使是应用了先进机器设备提高了劳动生产率，对劳动力的替代也是有限的，大部分情形下需要更多的高素质劳动

---

① 李灵异. 数字经济对服务业结构优化的作用机制研究［D］. 东北财经大学，2021：37.
② 李灵异. 数字经济对服务业结构优化的作用机制研究［D］. 东北财经大学，2021：43.

者，服务业中知识、技术、创意等知识资本的载体是具备较高人力资本水平的劳动者①。数字技术赋能服务业，通过提高劳动力的受教育程度和技能水平，降低服务业的劳动异质性，实现服务业生产率的提升②。一是服务业数字化对从业者的技能水平和解决问题的能力提出了更高的要求，为应对新技术的挑战，企业会加强对员工的技术培训，通过提高从业者技能水平，实现企业人力资本的积累，从而以创新方式驱动服务业生产率的提升。二是服务业数字化为从业者获取、处理、创新和传递信息和知识提供了更为便捷的渠道和工具，有助于提升服务业从业者的素质和人力资本价值，为生产率的提升奠定人才基础。三是从业者劳动技能的提升与生产工具的进步形成良性互动，进一步推动服务业生产率的提升。如医疗服务领域的达芬奇手术机器人，通过智能化的机械臂进行高度复杂的微创手术，能显著提高手术精准度、节约手术时间、缩小手术创口，但只有具备较高人力资本水平的外科医生才能操作手术机器人；物流业使用人工智能、无线通信技术、射频标签技术、工业级掌上电脑、自动化立体仓库等信息技术与产品，能够帮助员工在单位时间内处理更多的运输产品，使得劳动生产率得到极大的提高。依托数字经济的外部性，知识的溢出与扩散更加便利，教育资源更加丰富，将更有效地实现专业化人力资本积累，为服务业劳动生产率提升提供动力源泉③。

第二节　山东服务业数字化发展成效

一、支持服务业数字化转型的政策体系不断完善

山东省是人口大省和经济大省，数字经济赋能服务业有着丰富的应用

---

①　王希元，杨先明. 服务业劳动生产率提升路径研究：双重资本深化的视角 [J]. 上海经济研究，2022（7）.

②　张龙鹏，周笛. 服务业信息技术应用与生产率提升——来自中国企业的经验研究 [J]. 财贸研究，2020（6）.

③　金泽虎，谢文玉. 依托数字经济促进中国服务贸易高质量发展的机理与对策研究 [J/O]. 价格月刊，2022－7－27.

场景和较大的发展空间。山东省高度重视数字经济政策体系构建，积极探索利用新一代信息技术赋能服务业高质量发展。早在 2003 年就发布了《山东省人民政府办公厅关于进一步加快电子商务发展的意见》，指出在抗击"非典"新形势下，要大力推进电子商务，积极开展网上交易和网络营销，是减少"非典"对人流、物流、信息流影响，促进业务洽谈和产品销售的有效途径。此后，相继出台《山东省跨境电子商务发展行动计划》《山东省人民政府关于加快电子商务发展的意见》等相关文件，以电子商务为抓手推动服务业数字化转型。2013 年，山东开展"智慧山东"试点工作，开启山东经济社会数字化、网络化、智能化建设。2014 年出台《关于加快促进信息消费扩大内需的实施意见》，提出要充分发挥信息消费在调整产业结构、转变经济发展方式和建立现代产业体系中的重要作用，推动面向生产、生活和管理的信息消费快速健康增长。2015 年出台《山东省"互联网＋"发展意见》，提出深化互联网技术在服务业领域的广泛应用，促进信息技术应用向生产性服务业和生活性服务业渗透，实现传统服务业向现代服务业转变，推进服务业向高级化的"智慧服务"发展。2018 年提出"数字山东"，出台了《数字山东发展规划（2018—2022 年）》《山东省新型智慧城市试点示范建设工作方案》《山东省数字政府建设实施方案（2019—2022 年)》等文件，尤其是对服务业的数字化首次进行了较为全面的部署。2021 年，围绕落实数字强省"十四五"规划，专门出台了《山东省服务业数字化转型行动方案（2021—2023 年)》，明确了 2021～2023年山东服务业数字化转型的目标和任务，指出 2021 年，全省服务业数字化转型全面推开，服务业企业"上云、用数、赋智"加快推进；2022 年，服务业重点产业领域数字赋能加速升级，服务业新模式、新业态、新场景不断涌现；2023 年，数字化对服务业发展的拉动能力明显提高，服务业数字化产业链和数字化生态初步形成。可以看出，2018 年以来山东省服务业数字化转型的政策方向越来越清晰明确，这些政策文件的出台也有力推动了服务业的数字化转型进程。

二、服务业数字化由量的扩张转向质的升级

服务领域是实体经济数字化转型的先行者。根据中国信通院的研究，

数字经济在各行业中的发展存在较大差异，数字经济占本行业增加值比重呈现出三产高于二产、二产高于一产的典型特征。2016 年，我国服务业、工业、农业中数字经济占行业增加值的比重分别为 29.6%（不含信息通信服务业、软件和信息技术服务业）、17.0%（不含电子信息制造业）、6.2%[①]；2018 年，服务业、工业、农业中数字经济占行业增加值的比重分别为 35.9%、18.3% 和 7.3%[②]；2020 年，新冠疫情倒逼三次产业加速数字化转型，服务业、工业、农业数字经济渗透率分别为 40.7%、21.0% 和 8.9%，融合发展向深层次演进[③]。

从 2018 年提出"引领服务业数字化发展"，到 2021 年提出"加快推进服务业数字化转型升级"，山东服务业数字化正在实现由量到质的跨越式发展。数字技术与服务业深度融合，山东省"云行齐鲁"系列活动累计培育云服务商 241 家，发放"云服务券"补贴 2.14 亿元，带动上云用云企业数量达到 38.2 万家[④]。新冠疫情客观上为数字化转型提供了"引爆点"，在生活服务领域，经济活动加速向线上迁移，在线办公、在线教育、网络视频等数字化新业态新模式蓬勃涌现；在生产服务领域，新的数字化生产模式加速渗透推广，催生出产业资源在线调配、协同制造、产能共享、跨域协作等数字化生产新模式。数字技术与生产性服务业、生活性服务业深度融合渗透，推动山东服务业进入高质量发展阶段。

三、数字化推动生活性服务业转型升级

山东总人口超过 1 亿人，仅次于广东，庞大的人口规模和消费总量，为生活服务业数字化赋能提供了坚实基础。2022 年山东出台《数字赋能增效 2022 年行动计划》，围绕生活性服务业数字化转型，提出大力拓展网上经济、加快提升数字公共服务水平、纵深推进新型智慧城市建设。顺应居民

---

① 中国信通院：中国数字经济发展白皮书（2017 年）。
② 中国信通院：中国数字经济发展与就业白皮书（2019 年）。
③ 中国信通院：中国数字经济发展白皮书（2020 年）。
④ 山东产业数字化发展总体水平位居全国第二［EB/OL］. 山东省人民政府网，2022 - 7 - 28.

消费升级趋势，加快线上线下消费融合，积极培育消费新增长点。2021年，山东省社会消费品零售总额33714.5亿元，比上年增长15.3%，两年平均增长7.4%。智能型消费备受青睐，2021年限额以上可穿戴智能设备、智能家电、智能手机零售额分别比上年增长21.1%、26.0%和64.6%，两年平均分别增长25.2%、42.8%和52.8%。直播电商、社区电商等消费新业态逐步成长为消费新增长点，全省网上零售额5409.1亿元，比上年增长17.8%；其中，实物商品网上零售额4763.3亿元，占社会消费品零售总额的比重达14.1%①。

加快提升公共服务数字化水平。围绕公众关心的教育、医疗、就业、社保、医保、文旅、体育、养老、出行、救助等领域，山东积极打造便民惠民智慧应用场景，在全省16市建设感知设施统筹、数据统管、平台统一、系统集成和应用多样的"城市大脑"，持续加大数字公共服务供给能力。加快推动医养健康产业、电子商务产业、文化创意产业、精品旅游产业等重点生活性服务业数字化转型。在医养健康产业方面，以打造"互联网＋医疗健康"示范省为目标，高水平建设国家健康医疗大数据中心（北方），全面推动"互联网＋医疗健康"便民服务平台建设；在电子商务产业方面，积极发展"云商场""云展会""云餐厅""云逛街"等线上运营模式，引导"吃住行游购娱"等传统商贸企业与线上平台深度合作，开展直播电商等促消费活动，推广"生鲜电子商务＋冷链宅配""中央厨房＋食材冷链配送"等服务新模式，加快培育电商服务企业、平台企业和电商园区；在文化创意产业方面，以中国（山东）自贸试验区济南片区国家文化出口基地为依托，积极参与国家文化大数据体系工程建设，积极培育发展数字演艺、数字出版、短视频、数字音乐、电子竞技、数字创意等数字文化新业态，完善提升"山东公共文化云""齐鲁艺票通"平台；在精品旅游产业方面，持续推进"好客山东·云游齐鲁"智慧文旅建设，扩大数字文旅消费，引导云旅游、云演艺、云娱乐、云直播、云展览等新业态发展，打造线上沉浸式体验型旅游场景，持续推动"文化＋旅游＋科技"融合创新发展。

---

① 资料来源：山东省人民政府新闻发布办公室网站。

应用案例："好客山东·云游齐鲁"智慧文旅平台。2021 年上线的"好客山东·云游齐鲁"智慧文旅平台，是山东省委、省政府部署的重点项目。该项目以大众消费需求为导向，建成由山东智慧文旅融合大数据中心、国内外游客智慧服务平台、政府综合监管服务平台、文旅企业综合服务平台、全域文化创意产业平台构成的"一中心四平台"体系，致力于打造山东文旅的"总入口、总出口""新引擎、新大脑"，推动政府侧、企业侧、用户侧的监管、运营、服务全面升级。"好客山东·云游齐鲁"智慧文旅平台，统一全省 3A 级以上景区、文博场馆、星级酒店接口，接入相关部门实时数据。2022 年底前，基本形成系统功能完备、游客使用便捷、数据分析准确的一体化全省综合服务平台。2023 年底前，推动平台功能迭代升级，实现智能数据分析、个性化精品旅游线路打造等全面有效应用，平台智能化、智慧化水平显著提升。用一部手机完成一场"齐鲁之行"不再是梦想。

四、数字化推动生产性服务业转型升级

山东省加快推进生产性服务业数字化转型，数字赋能应用明显提速。以产业升级需求为导向，推动工业设计、建筑设计、交通运输、工程管理、仓储物流、金融保险、电子商务、节能环保等生产性服务业数字化发展，促进生产服务体系专业化、高端化发展。2021 年，山东电子商务服务、科技成果转化服务、研发与设计服务、专业技术服务等行业营业收入均保持高速增长。目前，50% 左右的省级"专精特新"中小企业实现业务系统向云端迁移；国家级专精特新"小巨人"企业中，88% 的使用 ERP 企业管理系统或 OA 办公管理系统，数字化应用率和业务系统向云端迁移率达 82%，获得国家级或省级绿色工厂认证的 15 家[①]。

山东加快科技研发、智慧物流、商务服务、金融服务产业等重点生产性服务业的数字化转型。在科技研发产业方面，搭建省级科技创新公共服务平台，整合各类创新资源，为企业提供市场化的专业化、菜单式服务；加快发展工业软件、工业互联网，培育共享制造、共享设计和共享数据平

---

① 资料来源：山东省人民政府新闻发布办公室网站。

台；搭建全省知识产权大数据信息服务平台和黄河流域知识产权大数据中心及知识产权信息传播利用基地。2020~2021年，山东研发与设计服务业营业收入平均增长28.7%，应用软件开发业营业收入两年平均增长18.7%，集成电路设计业营业收入两年平均增长31.6%[①]。威海迪尚集团作为国内服装行业龙头企业，积极推动纺织服装制造业与服务业融合发展，构建了集研发创新、创意设计、品牌培育、智能生产、电子商务、网络服务于一体的服装产业现代化服务体系。在智慧物流产业方面，推动跨运输方式、跨部门、跨区域信息共享，加快智能仓储、全自动码头、无人场站等设施建设，发展"互联网＋"车货匹配、船港货匹配、网络货运、小商品同城配送等新业态新模式，不断提升港航、铁路、公路运输物流数字化水平。日日顺供应链科技股份有限公司，依托物流基础设施及资源，运用互联网、大数据等现代化信息技术，帮助企业客户有效应对销售渠道转型及电商模式发展下物流及供应链多样化需求，建成国内首个大件智能无人仓，引领大件物流行业智能化作业水平。在商务服务产业方面，积极探索开展云展示、云洽谈，举办重点出口产品和重点国家地区"云展会"，依托知名专业线上平台，打造"山东出口商品云展厅"；加快发展数字贸易，建设国家数字服务出口基地；推动主流媒体全力打造以数字化运营为主导形式的新媒体、全媒体广告平台。在金融服务产业方面，加快发展金融科技，探索人工智能、区块链等技术在供应链金融、支付清算、跨境贸易、金融交易等领域的应用，打造多元化金融科技业态；依托山东自由贸易试验区，发展区块链跨境支付结算、区块链智能合约、智能高频交易、智能海外资产投顾等技术和产品。

应用案例：烟台橙色云工业产品研发设计协同平台。随着制造业发展，工业设计作为独立部门从制造业体系中分离出来，为工业制造提供生产性服务。2015年11月，烟台杰瑞旗下全资子公司橙色云设计有限公司，创建了全球首个工业产品研发设计协同平台OrangeCDS（橙色云），向全球范围内尤其是西方发达国家的先进工业设计体系借智，助力我国制造业价

---

① 踔厉奋发的五年｜"山东服务"高能！加速构建链接全球的体系［EB/OL］. 齐鲁晚报·齐鲁壹点官方帐号网，2022－5－11.

值链提升。平台将企业内部的产品研发过程和设计环境移植到互联网上，以项目管理、在线设计环境为基础，解决了中小微制造业企业工业设计能力不足的问题。具体做法上，一是通过打造数字中枢链接全球供需双方。面向特种装备、工业制造、软件与信息化、先进农业、环保装备、智能生活装备六大领域，将传统线下服务转为线上供需直接对接，将平台打造为链接全球设计供需方的大数据智能化数字中枢，极大降低了供需双方的搜寻、沟通、合作成本，解决了线下中小微制造业企业难以获得先进的工业设计团队服务的痛点，为中小微制造业企业生产能力快速跃升打开了上升通道。二是通过创新服务模式推动协同研发设计。橙色云平台独创"协同研发设计"模式，可组织多家供应商承接一个项目，运用杰瑞十几年自主研发形成的工业产品协同研发方法论和工具，采用大数据和云计算技术，搭建线上协同研发设计环境，在线组织全球不同地域、各具专业技能的工业设计师和研发工程师形成团队，快速为中小微制造业企业特定的产品研发需求开展大规模的协同研发设计，高效完成研发任务。

应用案例：全国首个科创金融改革试验区。2021 年 11 月，济南市获批建设全国首个科创金融改革试验区。出台《山东省济南市建设科创金融改革试验区实施意见》，深入探索金融支持科技创新的机制路径，以科技、金融和产业融合发展为立足点，用金融资源有效激发科技创新发展活力。科创金融改革试验区获批建设以来，济南科创金融服务体系逐步完善，试验区建设成效初显。2022 年上半年，济南市实现技术合同成交额 222.43 亿元，同比增长 63.95%；发明专利授权量 4510 件，同比增长 41.78%。截至 6 月末，济南科创企业有贷户数占比较去年同期提高了 5.1 个百分点，贷款余额较去年同期增加了 267.9 亿元，加权平均利率较去年同期下降了 27 个基点；开展金融支持"专精特新"企业综合金融服务创新试点；常态化开展知识产权质押融资"入园惠企"活动，上半年完成专利权质押合同登记 237 笔，知识产权质押融资金额 12.56 亿元；济南全市已有 21 家金融机构创新设立"人才贷"金融产品，贷款余额 3.57 亿元，同比增长 100.85%[1]。济南市作为黄

---

[1]　济南印发建设科创金融改革试验区实施方案，金融"活水"浇灌企业全生命周期[EB/OL]. 山东财经报道，2022 – 8 – 2.

河流域的重要节点城市，获批创建全国首个科创金融改革试验区，对于牵引带动金融服务科技创新和绿色经济发展具有积极意义，也是做好金融支持黄河流域生态保护和高质量发展的有力抓手。

五、积极培育数字服务新业态新模式

山东省大力发展平台经济、在线经济、分享经济等数字服务新业态新模式。引导互联网企业与实体企业线上线下融合发展，积极培育智慧健康管理、在线教育、互联网医院、线上办公、智慧商超等领域领军型平台企业，加强科技服务、商品交易、物流运输等领域专业平台建设。积极发展新零售，终端店面、大型商超等市场主体依托知名电商平台，提升"鲁产名品"知名度，推动产业集群电商化发展。网上经济蓬勃发展，淘宝村镇、生鲜电商、产地仓、直采基地等电商新模式新业态不断涌现，"跨境电商保税备货仓＋直播电商""直播＋企业""直播＋店铺""直播＋品牌"等直播业态快速发展。"十三五"期间，山东全省网络零售店铺达171.2万家，网上零售额达4613亿元。培育国家级电子商务示范基地11个、国家电商进农村综合示范县26个，全省淘宝村达到801个，多元化电子商务示范体系初步成型①。2021年举办"线上＋线下"展会45场，建设"山东商品网上展示厅"，组织企业开展线上长期展洽，为外贸增长注入新动能②。积极培育发展共享出行、共享租住、共享办公等分享经济新兴业态。

应用案例：山东省稳外贸稳外资服务平台。"山东省稳外贸稳外资服务平台"自2020年上线运行以来，为外贸外资企业纾困解难，利用大数据分析功能，预测全省外贸进出口数据，辅助决策效果显著。平台吸引了全省近40000家外贸外资企业入驻，有3410家外贸企业作为调查样本（其中商务部直报企业361家）③。在为企业服务方面，平台以微信、电话、网页等多种方式向公众开放，第一时间推送惠企政策措施，及时推送线上展

---

① 山东省人民政府关于印发山东省"十四五"数字强省建设规划的通知［EB/OL］. 山东省人民政府网，2021 – 8 – 25.

② 资料来源：山东省人民政府新闻发布办公室网站。

③ 山东省稳外贸稳外资服务监测平台。

会活动、业务专题培训等信息；24 小时畅通外贸企业问题反馈渠道，建立快速解决模式，帮助企业解决金融（外汇）、行政审批、用工、用地、物流、通关、税务七大方面问题。构建问题全流程处理闭环，问题一经企业在平台反映，便按照解决层级分类直达职能部门，超时未办进入督办环节。在监测预测方面，依托商务、海关、口岸办等政府部门数据资源建立深度学习模型，并将同期的 PMI 指数、人民币主要货币的汇率以及同期的样本代入，根据历史数据与拟合数据的残差来逐步修正、迭代。经过分析，对当期和未来的外贸趋势进行区间预测。根据调查问卷中企业关注方向变化，聚焦商务热点，联合省内知名大学进行有针对性的分析，提出政策建议，形成商务热点专题报告，辅助各级领导决策。

第三节　山东服务业数字化发展存在的主要问题

一、服务业数字化水平偏低

电子商务作为数字经济的典型代表，既是数字技术和实体经济深度融合的具体产物，也是持续催生新产业新业态新模式的有效载体，更是稳增长、带就业、保民生、促消费的重要力量。2021 年，山东省社会消费品零售总额为 33714.5 亿元，全年网上零售额 5409.1 亿元，其中，实物商品网上零售额 4763.3 亿元，占社会消费品零售总额的比重为 14.1%①。同期，广东全省社会消费品零售总额 44187.71 亿元，其中，全省网络零售额 3.3 万亿元，居全国第一②；浙江全省社会消费品零售总额 29211 亿元，实现网络零售额 25230.3 亿元，规模居全国第二，实物商品网上零售额占社会消费品零售总额的比重高达 49.2%③；江苏全省社会消费品零售总额达

①　2021 年山东省经济社会运行情况新闻发布会［EB/OL］.山东省人民政府网，2021 -1 - 19.

②　2021 年粤进出口首次突破八万亿元全省商务三大指标均创历史新高［EB/OL］.潇湘晨报，2022 - 3 - 7.

③　浙江省网络零售规模扩大至 25230.3 亿元 年均增长 32.3%［EB/OL］.东方财富网，2022 -9 - 20.

42703 亿元，网上零售额 10871 亿元，其中，实物商品网上零售额 9527 亿元，占社会消费品零售总额的比重为 22.3%[①]。从全国来看，2021 年全年，我国社会消费品零售总额 440823 亿元，其中，实物商品网上零售额达 10.8 万亿元，占社会消费品零售总额的比重达 24.5%[②]。从中可以看出，山东省服务业数字化融合程度落后于广东、浙江、江苏，不管是网上零售额绝对量还是实物商品网上零售额占社会消费品零售总额的比重这一相对量，均远低于浙江、广东、江苏三省，实物商品网上零售额占社会消费品零售总额的比重甚至低于全国平均水平。

"打通内外贸，构建双循环"，跨境电商卖全球、买全球，在丰富国内市场供给、更好满足人民美好生活需要的同时，也为全球贸易投资注入了新动能。2021 年，山东省跨境电商进出口额突破了"千亿元"，几年内实现了几何式暴增，但与浙江、广东、江苏等省份相比仍有差距[③]。2021 年，广东、浙江跨境电商进出口额都在 3000 亿元以上[④]。根据《中国电子商务报告 2020》，2020 年，我国跨境电商进出口总额排名前五的省份分别是广东、浙江、河南、福建及湖南，其中广东省的总额远超其他省份。

二、支撑现代服务业与数字经济深度融合的龙头偏弱

山东省的产业结构偏于传统，内生性的创新型业态相对不足。现代服务企业普遍存在着规模小、分布散、竞争力弱的问题，缺乏集约化的大型企业集团，服务企业专业化程度较低，规模效益和品牌效益不明显。生产性服务业问题尤为突出，存在如融资渠道不畅通、技术研发力量薄弱、品牌意识不浓等问题。网经社电子商务研究中心发布的《2021 年度中国电子商务"百强榜"》显示，山东无一家企业入榜。该榜单所指电商为以互联

---

① 江苏"三新"经济蓬勃发展，释放强劲活力 [EB/OL]. 扬州网，2022 - 9 - 10.
② 消费这十年：全网零售额增长 9 倍，催生新型消费方式，新需求成增长点 [EB/OL]. 每日经济新闻网，2022 - 9 - 23.
③ 山东跨境电商几何式暴增缩影：因为一句"你们做不了"，这家企业销售额从 2 万做到千万！[EB/OL]. 大众报业集团网，2022 - 1 - 20.
④ 2021 年粤进出口首次突破八万亿元全省商务三大指标均创历史新高 [EB/OL]. 潇湘晨报，2022 - 3 - 7.

网为依托的所有实物、服务和虚拟商品的在线交易行为和业态，包括以大宗商品和工业品为主的产业电商、以消费品为主的零售电商，以在线外卖、在线教育、在线旅游、在线租房、交通出行等为代表的数字生活服务业态，不含金融科技和物流科技公司。其中，北京、上海、广东、浙江、江苏分别为 38 家、21 家、12 家、11 家、7 家，合计占总数的 89%[①]。因此，山东应加大数字服务领域龙头企业和"独角兽"企业培育力度，推动服务业与数字经济的深度融合。

三、数字服务业竞争力偏弱

山东省现代服务业产业集群影响力不足，服务业总体规模偏小。2021年，山东省服务业增加值为 43879.7 亿元，而广东、江苏分别为 69146.82亿元、59866.4 亿元，浙江也达到了 40118 亿元；山东、广东、江苏、浙江服务业占 GDP 的比重分别为 52.8%、55.6%、51.4% 和 55.9%[②]。山东现代服务业在信息化、数字化技术的利用上也存在显著不平衡的问题，包括企业之间的不平衡、行业之间的不平衡、地区之间的不平衡。生活服务业细分领域的数字化程度差异较大；产业链数字化发展不均衡。服务业数字化表现为单点效率的提升，一体化数字解决方案供给不足。数据碎片化、数据壁垒、信息孤岛现象仍然存在，数据利用效率不高。"后疫情时代"，全社会的线上服务需求将继续推动服务业的数字化转型。山东应依托人口优势加速生活性服务业数字化转型，尤其要依托制造业优势，大力推动生产性服务业数字化转型，提供更加专业化、高端化的数字化服务，驱动制造业智能化升级。

四、对新型服务业的有效指导与市场监管有待加强

现代服务业领域宽泛，服务业数字化进入快车道，服务业新业态呈现

---

① 2021 年度中国电子商务"百强榜"[EB/OL]. 腾讯网，2022 - 2 - 28.
② 山东、广东、江苏、浙江省 2021 年国民经济和社会发展统计公报.

出多样性和复杂性。总体上看，山东服务业数字化转型还处在初级阶段，服务业数字化的粗放发展也暴露出一些问题，如平台经济的粗放发展，抬高了实体企业的交易成本，压缩了企业的利润空间。从政府层面看，尚缺乏服务业数字化的系统性指导意见，服务业数字化转型的标准规范有待细化；缺乏对新型服务业的有效监管，服务业数字化市场准入、公平竞争以及解决市场壁垒等方面的制度体系有待完善，部分政策适配性有待加强。新职业从业者也面临培训体系不完善、上升空间有限、社会保障缺失等问题；服务业新业态新模式发展面临一些不确定性，不利于数字服务企业的发育和成长。

第七章

国内省域数字经济发展经验与启示

　　随着我国数字经济发展进入快车道，各地纷纷制定适合本地区的发展目标与重点任务，加快推动数字经济发展，打造数字经济发展新高地。从数字经济规模上，广东、江苏、山东、浙江领跑全国；从数字经济增速上，贵州省连续七年领跑全国；从数字经济贡献上，2021 年，北京、上海、天津、浙江、福建、广东、江苏、山东、重庆、湖北等省份数字经济占 GDP 的比重均超过全国平均水平，达到 40% 甚至 50% 以上[①]。它山之石可以攻玉，在数字经济发展浪潮中，数字经济发展领先省份的很多经验值得山东学习借鉴。

第一节　广东数字经济发展经验

一、广东数字经济发展概况

　　广东省是我国数字经济发展的排头兵。2021 年，广东数字经济增加值达 5.9 万亿元，规模连续 5 年居全国首位，数字经济增加值占 GDP 比重达 47.5%，占全国数字经济的比重达 12.97%[②]。其中，数字产业化规

[①]　中国信息通信研究院《中国数字经济发展报告（2022 年）》.
[②]　2021 年广东数字经济规模达 5.9 万亿元，连续 5 年居全国首位［N］. 深圳商报，2022 - 7 - 8.

模为 1.9 万亿元，产业数字化规模为 4 万亿元，均为全国第一，数字经济核心产业增加值占 GDP 比重高达 15.28%，远高于全国 7.3% 的平均水平①。数字产业化与产业数字化齐头并进，在全国率先实现了较为充分且均衡的发展。数字经济已成为引领广东经济高质量发展的新动能、新引擎和主阵地。

二、广东发展数字经济的主要做法

（一）高定位早谋划，持续完善数字经济顶层设计

广东省是国内最早布局数字经济的省份之一，在数字经济很多领域率先出台规划和政策措施，先行先试，目标是打造具有全球影响力的数字经济发展高地。2016 年印发《广东省促进大数据发展行动计划（2016—2020 年）》，提出打造全国数据应用先导区和大数据创业创新集聚区。2018 年出台《广东省深化"互联网 + 先进制造业"发展工业互联网的实施意见》和《广东省支持企业"上云上平台"加快发展工业互联网的若干扶持政策》，成为全国首个发布工业互联网地方政策的省份。2019 年 8 月正式发布《广东省数字经济发展规划（2018—2025 年）》，提出了"128"发展战略，争取用 5 ~ 8 年将广东省建设成为国家数字经济发展先导区、数字丝绸之路战略枢纽和全球数字经济创新中心，数字经济整体发展水平进入世界先进行列。2021 年 5 月印发《广东省人民政府关于加快数字化发展的意见》；7 月出台《广东省数字经济促进条例》，成为继浙江之后第二个较早出台数字经济地方性法规的省份；7 月还出台了全国首个数据要素市场化配置改革方案《广东省数据要素市场化配置改革行动方案》。2022 年 7 月，发布了全国首个推动数字经济发展的指引性文件《广东省数字经济发展指引 1.0》，针对数字经济发展区域不平衡的省情，指导各地、各部门和社会各界因地制宜探索实用性强、特色化高的数字经济发展模式和路径。

---

① 连玉明. 大数据蓝皮书·中国大数据发展报告 No. 6［M］. 社会科学文献出版社，2022.

（二）充分对接国家发展战略，聚集数字经济发展资源

国家"十四五"规划和 2035 年远景目标纲要明确提出，要"积极稳妥推进粤港澳大湾区建设"，提升创新策源能力和全球资源配置能力，加快打造引领高质量发展的第一梯队。广东省充分利用粤港澳大湾区国际化人才、技术和资本集聚优势，以把粤港澳大湾区打造成为全球数字经济发展高地为目标，统筹推进人工智能、区块链、大数据、工业互联网及国家数字经济创新发展试验区等各类试点示范。抢抓建设粤港澳大湾区国际科技创新中心的有利机遇，围绕要素流通、核心技术产业发展、数字化转型、数字治理、数字经济基础设施建设等关键环节，强化数字经济创新要素高效配置，探索数字经济创新发展新思路、新模式、新路径，引领带动我国数字经济加快发展①。以区块链产业为例，2021 年，大湾区有 3282 个与区块链相关的发明专利申请，占全国总数的 31%；这一年，大湾区内地 9 市出台的区块链相关政策多达 106 项，远多于全国其他省市和地区②。

（三）持续保持数字产业化发展优势

广东是全国信息通信产业大省，电子信息制造业规模连续 31 年居全国第一，软件和信息服务业规模多年位居全国第一，新一代信息技术产业领跑全国。新一代电子信息、智能家电、软件与信息服务产业已形成产值超万亿元的产业集群，5G 产业全球领先、规模全国第一，超高清显示 4K、8K 一直走在全国前列，人工智能核心产业及相关产业规模均居全国第一梯队。持续出台产业发展专项计划或扶持政策，支持重点产业发展。为突破"卡脖子"关键核心技术，广东省深入实施"强芯工程"和核心软件攻关工程，组织重点领域研发重点重大专项，加快补齐集成电路、工业软件、高端装备、新材料等领域产业链的短板。广州、深圳"双城"联动形成技术创新和产业发展的整体合力，成为全国数字产业的增长极。未来重点发

---

① 广东印发建设国家数字经济创新发展试验区工作方案［EB/OL］. 央广网，2020 - 11 - 29.
② 数字经济成稳增长关键力量　广东打造数字经济发展高地［EB/OL］. 金羊网，2022 - 8 - 18.

展消费电子产业、电子系统产业、软件和信息技术服务业、互联网和相关服务等数字经济核心产业和云计算、大数据、人工智能、区块链、网络安全等数字经济新兴产业[①]。

（四）以制造业数字化转型为核心，实施产业集群数字化转型

广东省是制造业大省，制造业是推动数字经济与实体经济深度融合的主战场。2018 年以来，先后出台《深化"互联网 + 先进制造业"发展工业互联网实施方案及配套政策措施》《广东省制造业数字化转型实施方案及若干政策措施》，聚焦新一代电子信息、智能家电、软件与信息服务、超高清视频显示等 10 个战略性支柱产业集群，和半导体与集成电路、智能机器人、区块链与量子信息、数字创意等 10 个战略性新兴产业集群，提出"一企一策""一行一策""一园一策""一链一策"四条转型路径。广东是中国互联网强省，以工业互联网创新应用为着力点，以建设国家工业互联网示范区为契机，加快工业互联网赋能制造业数字化转型。拥有 6 家国家级双跨平台，数量全国第一；截至 2022 年 6 月底，累计推动超 2.25 万家规上工业企业运用工业互联网数字化转型，带动 65 万家中小企业"上云用云"[②]。聚焦全省战略性产业集群和各地特色产业集群，实施产业集群的数字化转型工程，加快建设以"工业互联园区 + 行业平台 + 专精特新企业群 + 产业数字金融"为核心架构的新制造生态系统，促进全省产业链供应链现代化水平提升。

（五）积极培育数字经济创新发展生态

数字经济的可持续发展越来越依赖于新型数字基础设施、数据要素市场、数字经济市场主体等构成的发展生态。广东高度重视数字经济新型基础设施体系建设，截至 2021 年底，累计建成 5G 基站 17 万座，数量居全国第一。全省总算力（不含超级计算）约占全国的 1/6，拥有全国近 1/10 的

---

① 资料来源：《广东省数字经济发展指引 1.0》。

② 广东加速发展数字经济！推动 2.25 万家规上企业数字化转型 ［EB/OL］. 搜狐网，2022 – 8 – 8.

网络能力①。2022 年 2 月，开启粤港澳大湾区全国一体化算力网络国家枢纽节点建设，加大力度建设数据中心集群、算力基础设施以及工业互联网标识解析体系等存储和计算的基础设施，打造辐射华南乃至全国的实时性算力中心。在全国率先构建省域数据要素市场体系，2021 年出台《广东省数据要素市场化配置改革行动方案》，率先探索数字经济领域立法，建立数据资源产权、交易流通、跨境传输和安全保护等基础制度和标准规范；同年发布《广东省公共数据管理办法》，作为我国首部省级层面、关于公共数据管理的政府规章，拥有多项制度创新，如国内首次明确将公共服务供给方数据纳入公共数据范畴、首次在省级立法层面真正落实"一数一源"、首次明确数据交易标的等。广东培育出华为、中兴、腾讯、网易、TCL、大疆等一大批引领数字经济发展的龙头企业和强大的专精特新"小巨人"企业后备军团。在 2021 年中国电子信息百强企业中，广东 24 家，数量第一②；2021 年中国软件和信息技术服务竞争力百强中，广东 16 家，数量居第二位，榜单前 2 家均在广东③。

（六）推动数字经济开放发展

开放发展是广东省数字经济发展的重要特性。以打造数字经济开放合作先导示范区为目标，充分利用大湾区沟通内外、连接全球的独特优势，有效促进技术、人才等全球创新要素和资源的汇聚流通。一是推动创新要素国际高效流动。举办国际顶级学术交流会议，深化数字经济领域国际前沿科技交流合作，进一步放宽信息传输等领域外资准入限制等。二是积极发展数字贸易。建设数字贸易交易促进平台、区块链贸易融资信息服务平台，打造数字贸易的重要载体和数字服务出口的集聚区。三是打造数字丝绸之路核心战略枢纽。以数字经济国际化发展，辐射带动其他经济领域的深层次国际交流与合作。

---

① 划重点！全国一体化算力网络粤港澳大湾区国家枢纽节点建设方案解读来了 ［EB/OL］. 海外网，2022 - 5 - 29.
② 2021 年中国电子信息百强企业名单 ［EB/OL］. 中商情报网，2021 - 11 - 18.
③ 2021 中国软件和信息技术服务竞争力百强 ［EB/OL］. 武汉市软件行业协会网，2021 - 9 - 18.

第二节 江苏数字经济发展经验

一、江苏数字经济发展概况

江苏的数字经济发展处在全国前列。2021 年，江苏全省数字经济规模超过 5 万亿元，占全国数字经济总规模的 11.8%；数字经济核心产业增加值占地区生产总值比重达 10.3%，高出全国平均水平①。近年来，江苏把数字经济作为转型发展的关键增量，数字经济呈现出加速发展态势。2017 ~ 2021 年，江苏省数字经济增加值名义年均增长 14.36%，比同期 GDP 名义年均增长率高出 6.47 个百分点②。

二、江苏发展数字经济的主要做法

（一）全面部署数字经济

江苏以打造全国数字经济创新发展新高地为目标，将数字经济视为"新赛道"和转型发展的关键增量，加速推进数字经济发展。2016 年，发布《江苏省大数据发展行动计划》，从数字产业化方面对数字经济发展提出要求。2017 年开始出台产业数字化转型升级相关文件，如《江苏省"十三五"智能制造发展规划》《江苏省智能制造示范工厂建设三年行动计划（2018—2020 年）》等。2020 年 10 月 8 日，印发《关于深入推进数字经济发展的意见》，全面部署数字经济发展。2021 年以来，密集出台文件，加快推动数字经济战略落地，先后印发《江苏省"十四五"数字经济发展规划》《关于组织开展数据要素市场生态培育工作的通知》《江苏省数字经济加速行动实施方案》《江苏省制造业智能化改造和数字化转型三年行动计

---

① 江苏将持续打造发展数字经济的优良生态［EB/OL］. 走出去导航网，2022 - 8 - 16.
② 根据江苏省 2017 年和 2021 年现价数字经济增加值和现价 GDP 计算得出，2017 年数字经济增加值来自中国信通院《中国数字经济发展与就业白皮书（2018）》。

划（2022—2024 年）》《江苏省新型数据中心统筹发展实施意见》等政策
文件；2022 年，印发《关于全面提升江苏数字经济发展水平的指导意见》
《江苏省 5G 应用"领航"行动计划（2022—2024 年)》等，出台《江苏省
数字经济促进条例》。目前，已出台了数字经济发展"指导意见 + 三年行
动计划 + 专项行动推进方案 + 年度工作要点"的全链条政策体系，形成
"领导小组办公室 + 专项行动小组 + 高端智库"的工作推进机制。从江苏
省对数字经济发展的部署中可以看出两点：一是数字经济进入"加速行
动"新阶段。《江苏省数字经济加速行动实施方案》提出了六大加速行动，
即新型数字基础设施加速升级行动、数字产业化加速领跑行动、产业数字
化加速转型行动、产业生态加速优化行动、数据价值化加速探索行动、新
业态新模式加速培育行动。二是数字经济进入"体系化"发展新阶段。
《关于全面提升江苏数字经济发展水平的指导意见》明确提出了七大体系
建设，即建立数字技术创新体系、建立数字经济产业体系、建立数字化应
用体系、健全数字化治理体系、健全数据要素市场体系、建强数字经济生
态体系和建强数字基础设施体系。

（二）推动数字核心产业加速发展

多年来，江苏省的集成电路、软件等数字经济核心产业发展水平稳
居全国第一方阵。深入实施数字核心产业加速行动。一是持续做大做强
集成电路、软件服务、物联网、信息通信等基础优势产业，打造全国领
先的高端软件产业集群。二是推动人工智能、大数据、云计算、区块链、
北斗卫星等新兴产业做大做强，实施财税、金融、社保等结构性支持政
策，提升产业发展能级。三是紧盯第三代半导体、未来网络、量子信息、
6G、元宇宙等前沿领域，加快培育数字经济未来产业[①]。在实施路径上，
一是加快引育数字经济龙头企业；二是实施"产业强链"三年行动计
划，培育数字经济产业链；三是聚焦先进制造业集群，建设数字经济特
色产业园，壮大数字经济核心产业集群；四是推广服务型制造新模式，
大力培育平台经济、无人经济等新业态新模式，大力培育产业数字化转

---

① 资料来源：《关于全面提升江苏数字经济发展水平的指导意见》。

型服务商，为企业数字化转型提供集成服务；五是持续优化和完善"揭榜挂帅""赛马制"等组织方式，推动数字领域关键核心技术实现突破，争取自主可控。

（三）以"智改数转"为抓手加快推动制造业数字化转型

产业数字化转型是江苏省加快发展数字经济的主战场，其中制造业数字化转型是产业数字化转型的主战场。2021年，江苏省制造业增加值突破4万亿元，占全国的13.3%，占全省GDP比重为35.8%，占GDP比重位居全国第一，制造业集群规模排名全国第一，是产业数字化的最大优势所在[①]。因此，将"智改数转"作为重要抓手，全面推动制造业数字化转型，并以此带动服务业和农业的数字化转型，努力建设"数实融合第一省"。2018年以来，江苏省在全国率先出台《关于进一步加快智能制造发展的意见》《江苏省智能制造示范工厂建设三年行动计划（2018—2020年)》《江苏省机器人产业发展三年行动计划（2018—2020年)》《关于深化"互联网＋先进制造业"发展工业互联网的指导意见》等文件，积极探索建设省级智能制造示范车间、示范工厂，创建工业互联网平台、标杆工厂和"互联网＋先进制造业"特色基地。全省重点企业数字化研发设计工具普及率、关键工序数控化率均居全国前列，两化融合管理体系贯标工作核心指标、工业数据分类分级试点成果、工业互联网标识解析主要指标等均居全国首位，两化融合发展水平连续七年保持全国第一。2021年出台《江苏省制造业智能化改造和数字化转型三年行动计划（2022—2024年)》，对产业数字化转型进行再部署，提出推进"智改数转"十大工程，即龙头骨干企业引领工程、中小企业"智改数转"推进工程、产业链"智改数转"升级工程、工业互联网创新工程、领军服务商培育工程、自主可控工业软件应用工程、智能硬件和装备攻坚工程、工业互联网支撑工程、工业信息安全保障工程和优秀解决方案推广工程。制定《"智改数转"服务商资源池建设和管理指南（2022版)》，积极培育产业数字化转型服务商，为企业数字化转型提供集成服务。产业数字化转型成效显著，已累计启动实施

---

① 江苏工业对GDP贡献超40%居全国第一［EB/OL］. 扬子晚报网，2022－6－21.

"智改数转"项目2.2万个；累计培育138家省智能制造示范工厂，9家企业获评首批国家智能制造示范工厂、数量全国第一；累计上云企业达38.2万家。

（四）加速夯实数字基础设施底座

江苏"泛在互联"的网络基础建设走在全国前列，尤其是5G网络和千兆光纤宽带网络的"双千兆"建设。至2021年12月，南京、苏州、无锡、常州四市获评全国首批"千兆城市"，江苏"千兆城市"数量全国第一；至2022年7月底，5G基站达16.6万座，实现各城镇地区全覆盖，排名全国第二[①]。同时，加快提高云计算数据中心、智能计算中心、边缘数据中心等建设比例。截至2021年末，建成数据中心机房101个，总机柜数11.7万个，其中投入使用的6.5万个。加强综合型、特色型、专业型工业互联网平台建设和应用，累计培育国家"双跨"平台4个、特色专业型平台37个、省级平台109个[②]。实施工业互联网企企通工程，基本覆盖全省规上企业。2021年的区块链相关企业爆发式增长，新注册企业达5004家，截至2021年12月底，注册的区块链相关企业达8525家，仅次于广东、山东[③]。

第三节　浙江数字经济发展经验

一、浙江数字经济发展概况

浙江是我国数字经济最先发展的省份之一。早在2003年，"数字浙江"就作为浙江"八八战略"的一项重要内容确定下来。近二十年来，浙

---

① 江苏将持续打造发展数字经济的优良生态［EB/OL］. 走出去导航网，2022 – 8 – 16.
② 政声｜江苏省工信厅厅长谢志成：奋力推动产业数字化转型走在前列［EB/OL］. 北京西路瞭望（新华日报旗下新媒体账号），2022 – 7 – 7.
③ 夯实"数字底座"，江苏信息通信业走在全国前列［EB/OL］. 交汇点客户端（新华报业交汇点客户端官方百家号），2022 – 5 – 16.

江一张蓝图绘到底、一任接着一任干，数字经济已成为浙江经济社会高质量发展的"金名片"。2021年，全省数字经济增加值达到3.57万亿元，居全国第四；占GDP比重达到48.6%，居全国各省（区）第一；数字经济核心产业增加值达到8348.3亿元，居全国第四，数字经济核心产业增加值占GDP比重达11.4%[1]。2017~2021年，浙江省数字经济增加值名义年均增长16.21%，比同期GDP名义年均增长率高出7.04个百分点[2]。数字经济在浙江经济中的支柱地位、引领增长的作用更加明显，综合实力稳居全国前列。

二、浙江发展数字经济的主要做法

（一）持续推进数字经济"一号工程"

2003年，浙江省发布《数字浙江建设规划纲要（2003—2007年）》，开始全面推进全省国民经济和社会信息化建设。2014年，出台《关于加快发展信息经济的指导意见》，发布全国第一个《信息经济发展规划（2014—2020年）》，并获批建设全国首个信息经济国家示范区。2016年，G20杭州峰会发布"数字经济发展与合作倡议"，浙江把信息经济升级为数字经济。2017年12月召开的省委经济工作会议，明确提出了数字经济"一号工程"，出台多项举措推动智能制造、工业互联网、两化融合等发展，深入推进经济社会各领域数字化发展。浙江省以数字经济"一号工程"为引领，以国家数字经济创新发展试验区建设为契机，在全国较早构建起较为完备的数字经济政策体系。2018年出台《浙江省数字经济五年倍增计划》，提出要在全国形成示范引领和辐射带动作用；同年，在全国率先制定《浙江省数字经济发展综合评价办法（试行）》。围绕产业数字化，陆续出台《浙江省人民政府关于进一步加快电子商务发展的若干意见》《浙江省电子商务服务体系建设实施意见》《浙江省跨境电子商务实施方案》《中国制造

---

[1] 资料来源：《浙江省数字经济发展白皮书（2022年）》新闻发布会，2022年8月3日。

[2] 根据江苏省2017年和2021年现价数字经济增加值和现价GDP计算得出，2017年数字经济增加值来自中国信通院《中国数字经济发展与就业白皮书（2018）》。

2025 浙江行动纲要》《浙江省智能制造行动计划（2018—2020 年）》等。
2020 年，发布了我国第一部以促进数字经济发展为主题的地方性法规——
《浙江省数字经济促进条例》，为数字经济高质量发展作出明确的法律规范
和立法保障。2021 年，浙江省在全国率先开启数字化改革探索实践，推动
浙江省整体智治体系建设。

2021 年的政府工作报告明确提出实施数字经济"一号工程"2.0 版；
同年印发《浙江省数字经济发展"十四五"规划》。提出新一轮"双倍
增"计划，到 2027 年，数字经济发展达到世界先进水平，数字经济增加
值和核心产业增加值分别突破 7 万亿元和 1.6 万亿元，全面建成"三区三
中心"，即全国数字产业化发展引领区、全国产业数字化转型示范区、全
国数字经济体制机制创新先导区和具有全球影响力的数字科技创新中心、
具有全球影响力的新兴金融中心、全球数字贸易中心，迈进数字文明新时
代[1]。浙江作为高水平全面建设社会主义现代化、高质量发展建设共同富
裕示范区，将数字经济作为引领支撑"两个先行"的关键力量。2022 年 8
月发布的《浙江省数字经济发展白皮书（2022 年）》，基于"三区三中心"
建设，进一步提出"五区四中心"建设，增加了高水平建设数据基础制度
先行先试区、数字赋能共同富裕试验区和长三角新型算力中心，实现产业
能级、创新模式、数字赋能、数据价值、普惠共享"五个跃升"[2]。这一系
列关于数字经济发展的部署，体现了政府的积极作为，激发了市场的活力。

（二）持续提升数字产业规模能级

在数字产业领域，浙江已形成通信、计算机及网络、电子元器件及材
料、信息机电、应用电子以及软件与信息服务业等多个特色优势产业，在
信息服务、数字安防、智能计算、人工智能、工业互联网等领域的优势地
位不断巩固。2021 年，全省规上电子信息制造业营业收入达到 15916 亿
元，软件业务收入达到 8303 亿元，稳居全国第三、第四；数字安防和网络
通信、集成电路、高端软件、智能计算、智能光伏、数字内容 6 大千亿级

---

① 资料来源：《浙江省关于打造数字经济"一号工程"升级版的实施意见（征求意见稿）》，
2022 年 5 月。

② 资料来源：《浙江省数字经济发展白皮书（2022 年）》，2022 年 8 月。

数字产业集群在数字经济核心产业中主导地位明显。拥有年营收超千亿级数字经济企业 2 家、超百亿企业 45 家，头部企业引领发展态势明显。打造省级数字经济特色小镇 30 家、数字经济"万亩千亿"产业新平台 13 家，数字产业实现集聚发展①。数字经济核心产业中服务业总量和增速均高于核心产业制造业。数字科技创新活跃，截至 2021 年，浙江规上数字经济核心产业研发强度达到 7.3%，是全社会研发投入强度的 2.5 倍；突破形成 138 项进口替代成果。杭州城西科创大走廊成为数字经济创新策源地，建设了一批省实验室等高能级平台，国家实验室、大科学装置实现零的突破，数字科技创新战略力量培育成效突出②。数字经济"一号工程"2.0 版提出新的目标，到 2027 年，以打造世界级新一代信息技术产业群为导向，做强做大数字安防与网络通信、智能光伏、高端软件、集成电路、云计算与大数据、数字内容 6 大千亿级特色产业集群，培育 30 个以上百亿级"新星"产业群和 20 个左右省级未来产业先导区，打造世界级数字产业群③。

（三）重构产业数字化发展新范式

浙江利用数字化新技术、新理念，全方位、全链条改造制造业、服务业、农业，高水平建设全国产业数字化转型示范区，产业数字化水平稳居全国第一。推进产业互联网发展，以"产业大脑 + 未来工厂"融合发展新范式，体系化推进行业产业大脑建设，重塑产业生态系统。制造业数字化转型步伐加快，累计认定未来工厂 32 家、智能工厂（数字化车间）423 家；获批共建长三角工业互联网一体化发展示范区，"1 + N"工业互联网体系日益完善，建设省级工业互联网平台 285 家，培育上云企业 47 万家。服务业数字化加速升级，2021 年网络零售额突破 2.5 万亿元，稳居全国第二；杭州在电子商务、互联网金融、共享经济等领域不断涌现出新业态新模式，引领带动全国数字经济发展，成为全国服务业数字化增长极。智慧农业亮点纷呈，县域数字农业农村发展总体水平稳居全国第一。2021 年数

---

① ② 浙江省数字经济发展白皮书（2022 年）[EB/OL]. 浙江省人民政府网，2022 - 8 - 3.

③ 资料来源：《浙江省关于打造数字经济"一号工程"升级版的实施意见（征求意见稿）》，2022 年 5 月。

字经济核心制造业营业收入规模首次超过信息服务业，利润首次突破千亿，同比分别增长 32.7% 和 21%①。

（四）积极探索数字经济新业态新模式

浙江数字经济新模式新业态探索引领全国。加快推进 5G、人工智能、云计算、大数据、物联网等新技术的场景应用，网络零售、跨境电商、直播电商、数字贸易、在线经济等新业态新模式快速增长，全球数字贸易中心和新兴金融中心建设进展良好。2021 年，全省数字生活新服务指数全年增速达 23.7%，位居全国省（区）第一名，杭州市位于全国 335 个城市第一名②。作为全国首个跨境电商综试区，杭州综试区已经打造出跨境电商完整的产业链和生态链，培育出了一大批跨境电商群体，产业集聚效益明显。截至 2021 年底，杭州跨境电商卖家店铺数 48265 个，培育年交易额 2000 万元以上的跨境电商卖家 411 家、年交易额过千万美元跨境电商卖家 184 家③。浙江以打造全球数字贸易中心为目标，发挥数字经济、数字贸易先发优势，先行开展数字贸易规则研究和标准体系建设。制定了数字贸易领域的全国首个标准——《数字贸易 通用术语》团体标准，发布全国首个数字贸易标准化研究报告——《数字贸易标准化白皮书》。

（五）创新数字经济治理模式

浙江以数字化改革为引领，放大数字化改革效应，全面提升数字经济治理能力，治理能力和治理现代化水平走在全国前列。数字政府建设成为优化数字营商环境的有力牵引。"掌上办事""掌上办公""掌上治理"之省建设成效显著，"浙里办""浙政钉"成为标志性成果，全省依申请政务服务事项"一网通办"率达到 85%④。以高水平建设全国数字经济体制机

---

① 浙江省数字经济发展白皮书（2022 年）新闻发布会［EB/OL］. 浙江省人民政府网，2022 – 8 – 3.

② 浙江省互联网发展报告 2021 新闻发布会［EB/OL］. 浙江省人民政府网，2022 – 5 – 30.

③ 105 个跨境电商综试区首次大考揭榜！杭州位列全国第一档［EB/OL］. 杭州市投资促进局，2022 – 4 – 14.

④ 综合实力稳居全国前列！浙江首次编制发布这个白皮书［EB/OL］. 浙江省经济和信息化厅，2022 – 8 – 5.

制创新先导区为契机，率先建立健全数字经济领域制度和规则体系；率先出台数字经济促进条例、公共数据条例、电子商务条例；率先设立杭州互联网法院；率先制定平台经济监管20条；率先制定数字经济核心产业统计体系，浙江在推动数字经济治理体系变革、构建数字经济新型生产关系中正在加快形成"浙江模式"。

第四节　福建数字经济发展经验

一、福建数字经济发展概况

"数字福建"是数字中国建设的思想源头和实践起点。2000年习近平总书记在福建工作期间就作出了建设"数字福建"的重大战略决策。20多年来，福建始终把"数字福建"建设作为推动高质量发展的基础性先导性工程，电子政务、数字经济等方面都处于全国前列。迅猛发展的数字经济为福建经济发展注入源源不断的新动能，2022年的政府工作报告将数字经济列为福建经济发展的四大新增长极之一。福建数字经济规模，从2017年的11634亿元增长到2021年的23248亿元，增长近一倍，2021年比上年增长约15%，数字经济占地区生产总值的比重已达47%[①]，数字经济发展指数、新基建竞争力指数等多项指标位居全国前列。《福建省做大做强做优数字经济行动计划（2022—2025年）》作出新的部署，到2025年，全省数字经济增加值将超过4万亿元，数字经济发展质量效益达到国内先进水平；明确实施数字信息基础设施"强基"、数字技术创新突破、数字经济核心产业规模能级提升、数字化转型支撑服务生态培育、数据资源开发利用、数字经济新业态新模式培育、数字企业融资促进和数字经济治理提升八大行动和27项工程。

---

① 资料来源：《福建省数字经济发展指数评价报告（2022年）》，2022年8月。

二、福建发展数字经济的主要做法

（一）以国家数字经济创新发展试验区建设为契机打造数字中国福建样本

福建先后被列入全国电子政务综合改革、国家数字经济创新发展试验区、公共数据资源开发利用等全国试点省份。利用建设国家数字经济创新发展试验区的机遇，围绕"数字丝路"、智慧海洋、卫星应用等开展了具有区域特色的试验①。试验区建设锚定"五个一批"，即突破一批关键核心技术、打造一批特色优势产业、培育一批行业龙头企业、建成一批引领示范高地、破解一批体制机制障碍；聚焦5个方面的任务，即强化关键数字技术创新应用、加快推进数字产业化、加速产业数字化转型升级、深化闽台数字融合发展、深化数字丝路合作等；打造"三区一高地"，即数字中国样板区、智慧海洋和卫星应用产业集聚区、"数字丝路"核心区和数字经济发展新高地。面向"十四五"，福建将深化国家数字经济创新发展试验区（福建）建设，以数字经济高端化为目标，高质量发展融合创新的数字经济，建成数字经济创新发展示范省②。

（二）充分释放数字中国建设峰会平台效应

2018～2022年，福建连续五年高水平举办"数字中国建设峰会"。5年来，数字中国建设峰会始终紧跟数字中国建设前沿和热点领域，在理论经验和实践交流方面为全球搭建平台，已成为数字经济建设领域中的高端品牌。峰会深入探讨数字经济发展规律，五年的发展主题分别为"以信息化驱动现代化 加快建设数字中国""以信息化培育新动能 用新动能推动新发展 以新发展创造新辉煌""创新驱动数字化转型 智能引领高质量发展""激发数据要素新动能 开启数字中国新征程""创新驱动新变革 数字引领新格局"。2022年的峰会在继续设置数字经济、数字丝路、大数据、

---

① 中国信通院：中国数字经济发展白皮书（2021年）.
② 福建"十四五"专项规划系列新闻发布会，2021年12月2日。

工业互联网等分论坛之外，新增新技术、5G 应用及 6G 愿景、跨越数字鸿沟、数据法治、数字人民币产业发展等 7 个分论坛。从信息化驱动到数字化转型，从数据要素到创新变革，峰会的主题之变体现了我国把握信息时代新机遇，深入数字中国建设的不竭探索。峰会也是关注新技术、新产品与行业发展趋势的窗口，是最前沿数字技术的秀场，无人机快递平台、AI 智能诊疗系统、无人化超市终端、VR 智慧教室，一处处智能化生活场景引人瞩目；5G＋8K 超高清视频新应用、可信数字身份认证等，每届峰会新技术、新产品首展率都超过 50%。福建为数字中国建设贡献了大量福建经验、福建案例、福建技术和福建产品，同时，借助峰会福建数字经济加速奔跑，前 4 届峰会共促成 1411 个总投资超万亿元的项目在福建落地，第 5 届峰会共签约数字经济项目 565 个，总投资 2990 亿元①。数字中国建设峰会溢出效应不断放大。福建借助数字中国建设峰会、中国·海峡创新项目成果交易会、中国国际投资贸易洽谈会、中国国际进口博览会等平台，多渠道对接引进龙头企业及综合型、区域型、功能型总部。

（三）促进数字经济和实体经济深度融合

在数字产业发展方面，福建省的集成电路和光电产业、计算机和网络通信、软件和信息服务业等都是千亿产业集群，大数据、卫星应用等产业集群具有较强的实力，正积极培育超高清视频、人工智能、区块链、电子竞技、网络安全等产业集群②。打造起一批国家重点实验室、技术创新中心、工程研究中心等高水平创新平台。培养了一批数字技术龙头企业、数字经济领军企业、"专精特新"企业和"行业单项冠军"，全省有 50 多家数字经济企业在专业细分领域居全国之首乃至全球领先水平，如美亚柏科在电子数据取证行业市场占有率接近一半，亿联网络统一通信终端全球第二，SIP 话机市场占有率全球第一，新大陆是国内唯一、全球仅四家之一掌握二维码识读核心技术的企业，科拓公司在车位引导系统领域连续十年国内市场占有率第一。在产业数字化方面，先后出台《"十四五"制造业

---

① 挖潜数字化，释放新动能［EB/OL］. 文汇网，2022－7－22.
② 资料来源：《福建省做大做强做优数字经济行动计划（2022—2025 年）》，2022 年 4 月。

高质量发展专项规划》《关于深化新一代信息技术与制造业融合发展的实施方案》，推进新一代信息技术与制造业深度融合发展。福建两化融合贯标、达标企业数分列全国第 3 位和第 2 位，企业经营管理数字化普及率、企业数字化研发设计工具普及率分别位居全国第 4 位和第 6 位，已培育 1 个国家级跨行业跨领域工业互联网平台、3 个国家级特色专业型平台，全省上云企业数超过 7 万家，生产设备数字化率近 50%，关键工序数控化率达 54.1%，数字化转型服务商 31 家①。

（四）打造数字经济开放合作核心区

福建将建设"数字丝路"作为推动福建省数字经济发展的新引擎，打造数字经济开放合作核心区。主要做法包括三个方面：一是提升数字经贸合作水平。全力打造福州、厦门等跨境电商试验区、"数字丝路"经济合作试验区等，建设跨境电商平台，拓展与"一带一路"沿线国家和地区跨境电商合作。二是构建数字文化交流纽带。培育推广数字展览、数字营销、数字文化、跨境电商等数字贸易新业态新模式，培育福州全球数字教育资源生产基地，以厦门软件园国家数字服务出口基地为载体，打造数字服务出口的集聚区。三是加强闽台数字经济融合发展。在厦门、泉州打造海峡两岸集成电路产业合作试验区，支持厦门、泉州、漳州等地建设半导体高端材料产业园，吸引台湾地区集成电路相关企业来福建投资配套产业，有序推动集成电路设计、封装、测试和智能终端等上下游产业集聚发展；打造对台一体化数字服务平台，成为服务台胞台企"第一家园"。

（五）以数字政府建设助力数字经济发展

数字政府是数字经济、数字社会领域核心资源的配置者和驱动者。福建把电子政务作为数字福建的引领工程，持续优化政务服务，2021 年福建省级数字政府服务能力在全国位列优秀级，闽政通在省级政务类 App 中位列优秀级，福建省人民政府门户网站在全国排名第二。2022 年

---

① 挖潜数字化，释放新动能［EB/OL］. 文汇网，2022－7－22.

出台《福建省公共数据资源开放开发管理办法（试行）》，建立健全全省一体化数据资源管理应用体系，深化公共数据资源开发利用，培育壮大数据要素市场。开发上线了全国首个省级健康码"福建八闽健康码"和"福建省新冠肺炎防控便民服务平台"、全国首个区域互联网医院服务平台，数字惠民便民红利显著持续释放。没有数字政府，就没有数字经济，促进数字经济与实体经济融合要发挥政府和企业两只手的作用。福建省数字政府建设极大激发了数字经济活力，发挥了对数字经济、数字社会、数字生态的引领作用。

第五节　贵州数字经济发展经验

一、贵州数字经济发展概况

作为经济相对落后省份，贵州省创新发展思路，发挥后发优势，在数字经济新赛道上跑出了好成绩。在 2012 年的云计算浪潮中，贵州凭借高海拔、低气温、低能耗成本等优势脱颖而出，成为了与内蒙古并列的数据中心集群地。三大运营商投资 150 亿元在贵州建设数据中心基地①。2013 年，贵阳开始借鉴中关村的发展经验，发展大数据产业。2014 年，贵州把大数据作为全省发展的战略行动，抢占数字经济发展新机，从此走出了一条有别于东部、不同于西部其他省份的发展新路，从"风生水起"到"落地生根"再到"集聚成势"，贵州大数据发展顺利实现精彩"三级跳"。2021年贵州数字经济同比增长 20.6%，增速连续七年位居全国第一；数字经济增加值 6894 亿元，规模在全国排位提升至第 20 位；占 GDP 比重 35.2%，与全国平均差距缩小至 4.6 个百分点，数字经济为贵州省经济社会高质量发展注入蓬勃动能②。

---

① 中国信通院：中国信息经济发展白皮书（2016）。
② 2021 年贵州数字经济增加值 6894 亿元 同比增长 20.6% ［EB/OL］. 贵州网，2022 – 8 – 26.

二、贵州发展数字经济的主要做法

(一) 发挥区位优势抢占数字经济新赛道

贵州发展数字经济有其独特的区位优势。地质稳定,煤炭丰富,水能充沛,空气清爽。中国移动、中国电信、中国联通、华为、腾讯等一批数据中心陆续落户贵阳贵安新区,贵州投入运营及在建的重点数据中心已达25个,其中超大型数据中心11个,成为中国南方数据中心示范基地,也是全球集聚超大型数据中心最多的地区之一[①]。2021年,国家发展和改革委员会、中共中央网络安全和信息化委员会办公室、工业和信息化部、国家能源局四部委正式批复同意在贵州启动建设全国一体化算力网络国家枢纽节点,贵州成为我国"东数西算"工程八个枢纽节点之一。2022年,《国务院关于支持贵州在新时代西部大开发上闯新路的意见》明确要求贵州加快推进"东数西算"工程,建设面向全国的算力保障基地。这既是国家发展数字经济的战略需要,也是贵州发展的重大机遇。贵州枢纽节点建设的总目标可概括为"1142",即一条主线——在实施数字经济战略上抢新机;一个抓手——建设数字经济发展创新区;四个原则——统筹协调、布局合理,创新引领、技术先进,效益优先、集约高效,绿色低碳、自主可控;两项追求——适度超前布局有利于国家发展和引领产业升级的算力设施,构建高安全、高性能、智能化、绿色化、低成本、低时延面向全国的算力保障基地。重点规划以贵安电子信息产业园作为起步区,打造贵安数据中心集群,推动数据中心向贵安新区集中,积极引入国家部委、金融机构、央企和互联网头部企业等数据中心,实现算力大规模集群化部署[②]。贵州将实施算力集群攻坚行动、算力输送通道提速行动、算力调度协作行动等系列行动,力争到2025年,全省数据中心标准机架达到80万架、服

---

① 数字经济增速连续七年位居全国第一 后发赶超 贵州有"数"(新气象 新作为)[EB/OL].紫云苗族布依族自治县委宣传部,2022-8-24.

② 资料来源:《关于加快推进"东数西算"工程建设全国一体化算力网络国家(贵州)枢纽节点的实施意见》,2022年7月。

务器达到 400 万台①。

（二）以国家大数据（贵州）综合试验区获批建设为契机发挥后发优势

2016 年 2 月，国家大数据（贵州）综合试验区获批建设，目标是走出一条西部地区利用大数据实现弯道取直、后发赶超、同步小康的发展新路，在全国形成大数据发展示范引领和辐射带动效应②。随后开展了 47 项国家级试点示范，提升"一网通办"效能、"三权分治、五可调度"政务数据治理等，一批探索实践获国家通报表扬或宣传推广。2021 年发布的《国家大数据（贵州）综合试验区"十四五"建设规划》，提出"三区一枢纽"建设目标，即建成大数据制度创新引领区、建成大数据产业发展先行区、建成大数据融合应用标杆区和全国算力网战略枢纽；8 个方面的试验任务，其中，迭代更新五项试验任务，继承深化两项任务，新增一项试验任务。在"十三五"深入实施及试验区建设基础上，提出数字经济融合创新、数字政府治理创新、数字社会服务创新、数据要素市场培育、新型数字基础设施五项试验任务；继承深化大数据制度创新、大数据交流合作两项任务，构建与数字化发展相适应的新型生产关系；新增大数据安全保障试验任务，打造全国大数据及网络安全保障示范区。

（三）汇聚数字领域多层次专业人才

发展大数据产业，创新是动力，人才是核心。"数博会"扩大了贵州的影响力，尤其是贵州获批国家大数据综合试验区以后，一批国家部委、行业和企业大数据中心先后落户贵州，贵州实施重点人才倍增计划和"百千万"人才引进计划，出台 40 余份数字经济人才相关政策文件，重点引进高端领军人才、创新创业人才、开放型人才、产业发展人才等，打造升级引才聚才平台载体。目前，数字经济引才聚才、选才育才、用

---

① 数字经济增速连续七年位居全国第一 后发赶超 贵州有"数"（新气象 新作为）[EB/OL]. 紫云苗族布依族自治县委宣传部，2022 – 8 – 24.

② 资料来源：《中共贵州省委贵州省人民政府关于实施大数据战略行动建设国家大数据综合试验区的意见》，2016 年。

才留才的人才开发机制逐步完善，大数据领域成为人才"贵漂""贵定"的主流，大数据人才储备已初具规模。截至 2020 年，全省数字经济人才规模达到 36.42 万人，"十三五"期间增长了 163.91%。其中，数字产业化领域人才规模达到 17.6 万人，"十三五"期间增长了 152.15%；产业数字化领域人才规模达到 18.82 万人，"十三五"期间增长了 175.95%①。通过智库建设、招商引资、壮大产业、项目引才、平台聚才等方式聚才引智，构建多层次数字经济人才培养体系强化人才培养，数字经济人才结构不断优化。数字经济人才的聚集促进了贵州信息传输、计算机服务和软件业及信息技术外包业的发展。服务外包产业从无到有、从小到大，逐渐成为经济创新的新引擎、开放型经济的新亮点、数字及信息技术与制造业深度融合的新平台。贵阳市获批中国服务外包示范城市。2020 年的信息技术外包执行额（ITO）从 2016 年的 673.24 万美元增长至 17522.24 万美元，增长了 26.03 倍②。

（四）推动产业融合

贵州省的产业数字化占数字经济比重达 90.2%，产业数字化是引领经济结构转型升级的重要推动力③。2018 年以来，贵州深入实施"万企融合"大行动，围绕贵州特色优势产业，大力推进大数据与实体经济深度融合，加快人工智能、5G、区块链等技术创新应用，推动企业"上云用数赋智"，大数据与实体经济深度融合取得积极成效。在全国率先探索开展大数据与实体经济深度融合评估。全省大数据与实体经济深度融合指数达到 42.5，比 2017 年提升了 8.7，三次产业融合进程整体迈入中级阶段④。探索形成"352"的工作思路。即抓住评估服务、会诊对接、贯标实施"三个关键环节"，构建服务队、解决方案、公共服务平台、融合园区载体、标杆样板案例库"五个支撑能力"，打造全国和本地化咨询服务机构"两类咨询团队"，形成推动大数据与实体经济深度融合的"贵州模式"。截至

---

① 贵州数字经济人才超 36 万人 [EB/OL]. 数博会，2021 – 11 – 22.
② 贵阳获批中国服务外包示范城市 [EB/OL]. 数博会，2021 – 11 – 26.
③④ 2021 年贵州数字经济增加值 6894 亿元 同比增长 20.6% [EB/OL]. 贵州网，2022 – 8 – 26.

目前，形成大数据与实体经济深度融合标杆项目 409 个、示范项目 4326 个，带动 9217 户企业开展大数据融合改造，开展宣讲培训 350 余场、会诊服务 1400 余次，推动 25680 家企业上云[①]。

第六节　对山东的启示

一、将数字经济提升到"一号工程"

近年来，数字经济发展速度之快、辐射范围之广、影响程度之深前所未有，正在成为重组全球要素资源、重塑全球经济结构、改变全球竞争格局的关键力量。美国、欧盟等发达经济体纷纷出台数字经济战略规划，抢占新一轮科技革命和产业变革的先机。党的十八大以来，党中央高度重视发展数字经济，将其上升为国家战略。2017 年 3 月，数字经济首次写入政府工作报告；2021 年 10 月 18 日，中共中央政治局就推动我国数字经济健康发展进行第三十四次集体学习；2022 年出台《"十四五"数字经济发展规划》。从战略层面上推进数字经济，加速了我国数字经济的落地与实质性发展，数字经济已转向深化应用、规范发展、普惠共享的高质量发展新阶段。对发展数字经济战略意义的共识也已形成，很多省份将数字化转型列入省域发展的"一号工程"。从各省发展情况来看，凡是数字经济发展成效突出的，都与政府的积极作为密切相关，浙江省的成功为各省提供了有益的借鉴。浙江省 2017 年在全国率先提出实施数字经济"一号工程"以来，数字经济成为推动全省经济高质量发展的关键力量，2022 年提出打造数字经济"一号工程"升级版，很好发挥了政府"这只手"的作用。市场机制是数字经济的动力源泉，但政府也要在科学认识数字经济这一全新经济形态及其发展规律基础上积极作为，促进现代化数字经济体系建设和新型数字经济制度体系构建。

---

① 2021 年贵州数字经济增加值 6894 亿元 同比增长 20.6%［EB/OL］. 贵州网，2022 - 8 - 26.

二、重视新型基础设施建设

2018 年的中央经济工作会议提出，要加快发展"5G 商用步伐、推动发展人工智能、工业互联网、物联网"。2020 年，国家发展和改革委员会首次明确了"新基建"的概念，即以新发展理念为引领，以技术创新为驱动，以信息网络为基础，面向高质量发展需要，提供数字转型、智能升级、融合创新等服务的基础设施体系，包括信息基础设施、融合基础设施和创新基础设施三大类。本质上，新基建主要是指以 5G、人工智能、工业互联网、物联网、数据中心等为代表的新型基础设施，即数字化基础设施。新基建是数字经济发展的基石，新基建对应着巨大的投资需求和巨大的消费需求，具有很强的正外部性，不仅能推动相应的新经济部门快速发展，更重要的是能使经济社会不同领域获得普遍化的新经济红利，可谓一举多得。因此，凡是数字经济发展领先的省份都很重视数字基础设施的建设。《中国新基建竞争力指数报告（2022）》显示，全国新型基础设施竞争力指数排名前六的分别是北京、广东、江苏、浙江、上海、山东，均属于经济发达省份和数字经济发达省份。山东省在一些主要指标上与广东、江苏、浙江仍有一定距离。以 5G 基站为例，截至 2021 年 12 月底，广东 5G 基站建成 17.1 万个，5G 用户 4096 万户，规模均为全国第一，全国 12% 的 5G 基站落在广东①；江苏累计建成 5G 基站 13 万个，5G 终端用户 3445.6 万户，规模均为全国第二②；浙江建成开通 5G 基站 11.36 万个，位居全国第三，5G 终端用户数 2282 万户③；山东累计开通 5G 基站 10.1 万个，5G 终端用户数近 3000 万户④。

---

① 全球六成 5G 基站在中国 中国 12% 的 5G 基站在广东［EB/OL］. 新浪财经网，2022 - 8 - 3.

② 江苏省 5G 基站 13.8 万个，排名全国第 2，今年力争达到 18 万个［EB/OL］. 新浪财经网，2022 - 12 - 1.

③ 浙江省：2021 年开通 5G 基站 11.36 万个 位居全国第三［EB/OL］. 腾讯网，2022 - 12 - 1.

④ 2022 年山东省数字变革创新工作情况新闻发布会［EB/OL］. 山东省人民政府网，2022 - 3 - 4.

三、重视数字产业能级提升

数字产业化是数字经济发展的根基和动力源泉,其发展水平高低会直接影响数字经济总体实力。数字产业化的实质,是数字技术通过赋能传统产业发展来实现自身产业化过程。数字产业如果不能形成规模效应,将会制约人才、技术、平台、资本等高端要素的集聚,从而阻碍数字产业向价值链更高端攀升,影响产业数字化优势的发挥。广东以其强大的数字产业优势,赋能产业数字化转型,提出"一企一策""一行一策""一园一策""一链一策"四条产业集群转型路径。浙江充分释放数字产业集聚发展优势,全方位、全链条改造制造业、服务业、农业,高水平建设全国产业数字化转型示范区。实现了数字产业化和产业数字化的良性互动。山东在数字产业领域拥有一定优势,但并未像产业数字化那样优势明显,数字产业化发展存在一定短板。2021年,山东软件业务收入为7970.4亿元,位列全国第五,虽然属于国内第一梯队,但规模偏小,与广东(1.56万亿元)、江苏(1.2万亿元)、浙江(8303亿元)仍有距离;2021年山东省的电子信息产品制造业实现主营业务收入为5000亿元,而广东4.56万亿元,江苏3.3万亿元、浙江1.59万亿元。从数字经济领域高新技术企业数量来看,截至2021年,山东累计培育数字经济领域高新技术企业3468家,广东、浙江、江苏分别为2.2万家、1.1万家、不足9000家。2021年中国电子信息百强企业中,广东、江苏、浙江分别为24家、15家、15家,山东只有4家[1];软件和信息技术服务百强中,广东、浙江、江苏、山东分别为16家、11家、5家、5家[2]。

四、以制造业为核心加快推动产业数字化转型

制造业是实体经济的基础,是未来经济高质量发展的关键。利用数字

---

① 2021年中国电子信息百强企业名单 [EB/OL]. 中商情报网, 2021 – 11 – 18.
② 2021中国软件和信息技术服务竞争力百强 [EB/OL]. 武汉市软件行业协会, 2021 – 9 – 18.

化技术发展更智能、更可持续、更具韧性的制造业，已然成为全球各国推动数字经济发展的战略共识。广东、江苏等经济发达省份在数字化转型过程中，纷纷将制造业作为主战场。山东的产业数字化全国领先，庞大的人口规模和消费总量，雄厚的产业基础及完善的工业体系，为产业数字化提供了丰富的应用场景，形成了"一批制造业、服务业、农业数字化转型试点示范和标杆"，其中，制造业也是山东作为制造业大省进行数字化转型的主战场。2021 年，山东规模以上工业实现营业收入 10.23 万亿元，规模居全国第三位，其中，制造业 9.2 万亿元。信息化与工业化融合发展水平全国排名第二；海尔卡奥斯、浪潮云洲、蓝海工业互联网平台，橙色云互联网设计有限公司的橙色云工业产品协同研发平台 4 家入选国家级"双跨"工业互联网平台，位居全国第二①。山东应进一步强化这一战略优势，突出自身特色，把握产业数字化转型的新趋势，以制造业为核心加快推动产业集群数字化转型。

五、重视区域数据要素市场的培育

党的十九届四中全会公报明确将数据和传统的土地、劳动力、资本、技术一起纳入生产要素的范畴，并提出要健全劳动、资本、土地、知识、技术、管理、数据等生产要素由市场评价贡献、按贡献决定报酬的机制。2020 年，中共中央、国务院发布《关于构建更加完善的要素市场化配置体制机制的意见》，进一步明确数据作为新型生产要素的基础性和战略性地位，指出要加快数据生产要素市场的培育。广东和江苏率先出台专门的数据要素市场化配置相关文件，2021 年 7 月广东出台《广东省数据要素市场化配置改革行动方案》，同年 9 月，江苏印发《关于组织开展数据要素市场生态培育工作的通知》，在推动数据要素市场化配置领域走在了前面。2020 年山东印发《贯彻落实〈中共中央 国务院关于构建更加完善的要素市场化配置体制机制的意见〉的实施意见》，其中，对数据要素市场的培

---

① 专访数据专家闫同柱：数据管理与数据解析深度融合，打造山东样板［EB/OL］. 腾讯网，2022 - 8 - 4.

育作出了安排。数据作为新型生产要素已达成共识,从中央到地方相关政策陆续出台,下一步山东需进一步加强顶层设计,加快区域数据要素市场的培育,助力数字经济高质量发展。

第八章

加快山东数字经济发展的对策

数字经济时代,互联网、大数据、云计算、人工智能、区块链等技术加速创新,日益融入经济社会发展各领域、全过程。山东数字经济发展虽然取得明显成效,数字产业化和产业数字化进程在加快,但是要使数字经济持续成为经济高质量发展的引擎,需要加强数字经济基础设施建设,推动数据要素市场化进程,提升数字产业创新能力,加快产业数字化转型,实施数字强省人才工程,优化数字经济发展生态。

第一节　加强数字经济基础设施建设

一、加快布局数字基础设施

立足当前、适度超前、科学规划、注重效益,统筹推进信息基础设施技术创新和建设布局,促进建设、应用、安全、产业协同发展,加快构建信息基础设施体系,夯实数字经济发展基础。加快人工智能、5G、工业互联网、区块链等基础设施建设,形成云网融合、绿色低碳、智能敏捷、安全可控的数字信息基础设施布局。拥有完善的数字基础设施,一方面可以促进各个基础技术模块的交叉融合,使数字经济基础设施不断迭代发展为有机整体;另一方面可以提高数据采集质量与数据传输速度,为快速精准的数据分析工作打好基础。

数字基础设施是发展数字经济的重要支撑，是数字经济发展的战略基石。5G、双千兆和算力网络等新型基础设施，不仅对应着巨大的投资需求，也对应着巨大的消费需求。5G基建不仅需要大量的无线主设备和传输设备，其终端产品也具有广泛的消费需求。5G建成后可实现高清流媒体、车联网、自动驾驶等多场景结合，能带动1.8万亿元的移动数据流量消费、2万亿元的信息服务消费和4.3万亿元的终端消费。按照《山东省数字强省规划》目标，到2025年，在5G基站建设数量增加的基础上，增加100万个10G-PON及以上端口、建设45万个数据中心标准机柜、25000万个物联网终端、10万个智能网联充电设施[1]。

加快互联网协议第六版（IPv6）商用部署。持续提升骨干网络传输交换能力，推动"千兆城市"建设。统筹推进全省骨干网、城域网、接入网IPv6升级，推广全面支持IPv6的移动和固定终端，持续提升IPv6端到端贯通能力。推进骨干网、城域网、接入网IPv6升级，开展互联网数据中心、政务云平台与社会化云平台IPv6改造。加快"IPv6+"网络创新体系建设，持续拓展应用的广度和深度，实现网络联接的智能识别和控制。同时，开发空天信息资源。依托卫星、载荷等平台，加强技术设计、制造集成、测试服务、终端研制，开发空天信息资源，与地面信息资源相互连接，形成高速泛在、天地一体的综合性数字资源体系。

二、推动5G规模组网建设及其在各行业领域的融合应用

全面提速5G网络布局和商用步伐，实现在重点企业、产业园区、商务楼宇等场所深度覆盖和县级以上城区、省级以上开发区及90%以上重点行政村功能性覆盖。组建5G测试验证服务平台，建设5G公共测试认证实验室和联合创新中心。加快5G虚拟专网建设，引入网络切片、边缘计算等技术，提升5G网络提供大规模端到端网络切片能力，为工业、交通、医疗、教育等行业应用提供高质量5G网络环境，加快建成网络全国领先、

---

[1] 山东省人民政府关于印发山东省"十四五"数字强省建设规划的通知.鲁政字〔2021〕128号。

场景深度融合、产业聚集明显的 5G 建设应用先行区。当数字化技术与传统产业流程和模式产生深度融合，工业互联网平台的模式及其价值才会逐步呈现。因此，根据场景需求实现深层的资源组合，把相关业务痛点、难点、堵点转化成技术投入的增长点。

三、加快数据中心一体化布局

全球已进入从人人互联到万物互联、从网络空间到信息物理空间一体化的急速扩展期。在数字经济时代，数据是极为重要的资源，碎片化的数据并不能完全发挥出数据的价值，必须构建数据中心、云计算、大数据一体化的新型算力网络体系，促进数据要素流通应用。建成一批规模发展、存算均衡、绿色节能的大型数据中心，统筹布局云计算、边缘计算等算力基础设施。推动数据中心"提质增量"，打造存算一体数据中心体系。搭建多元异构、边云协同的云计算中心，提升云计算中心在计算、存储、支撑平台等方面服务的弹性供给能力，提升超大规模云计算能力。《2021—2022 全球计算力指数评估报告》显示，算力指数平均每提高 1 个百分点，数字经济和 GDP 将分别增长 3.5‰和 1.8‰[①]。山东通过数据中心一体化布局，提升算力，促使数据驱动型创新向经济社会、科技研发等各个领域扩展。

四、推动传统基础设施数字化升级

持续推动交通、能源、水利、市政等传统基础设施数字化改造，为智慧城市建设提供数据支撑。推动能源基础设施数字化，鼓励建设基于互联网的智慧能源运行平台，强化电力、天然气、热力管网等各类能源网络信息系统的互联互通和数据共享，加强能源资源大数据的分析及应用。加快水利、市政基础设施数字化升级，推进水、固体废弃物等智慧环境监测监控基础设施建设，支持现有电力塔杆、通信基站等各类挂高资源开放共享

---

① 适度超前建设数字基础设施夯实数字经济底座推动数字经济持续健康发展系列述评之一 [N]. 中国电子报，2022 - 5 - 31（1）.

和数字化改造，推动综合管廊智能化建设。

第二节　推动数据要素市场化进程

一、加强数据要素市场化顶层设计

作为数字经济时代的基础性战略资源和关键性生产要素，数据已经全面融入经济价值创造，成为经济增长的新动能。《关于构建更加完善的要素市场化配置体制机制的意见》《"十四五"数字经济发展规划》等文件对我国数据要素市场建设做出了部署，提出到2025年初步建立数据要素市场体系。国家层面对数据要素市场的设计主要包括构建算力、算法、数据、应用资源协同的全国一体化大数据中心体系、培育发展数据交易平台、探索"原始数据不出域、数据可用不可见"的交易范式等内容①。构建一个高效规范、公平竞争、充分开放的全国统一的数据要素大市场，是加快建设全国统一大市场的要求，更是构建新发展格局的迫切需要。地方政府参与区域数据要素市场的建立，对区域经济发展具有显著的推动作用。在维护全国统一大市场的前提下，区域要素市场建设的重点应是推动本地区数据资源归集汇聚、综合治理和确权登记，探索公共数据和社会数据融合应用，培育重点领域高频标准化产品和服务创新，形成统一确权、统一目录、统一规则、统一标准、统一安全的数据交易规范。但总体来看，我国数据要素市场化建设尚处在起步阶段，数据要素市场在五类要素市场中建设相对滞后，特别是在数据确权、交易、定价、流动等方面，数据要素市场的发育不能适应我国创新驱动发展和数字经济发展的要求。作为数字经济大省，山东省的数据要素市场建设走在全国前列，但很多工作尚处在探索阶段。下一步应加快区域数据要素市场化建设，进一步加强顶层设计，在《贯彻落实〈中共中央 国务院关于构建更加完善的要素市场

---

① 欧阳日辉. 我国多层次数据要素交易市场体系建设机制与路径［J］. 江西社会科学，2022（3）.

化配置体制机制的意见〉的实施意见》部署的基础上，制定专门的地方数据要素市场化建设政策文件，围绕数据确权、估值、分配、交易、资产化等重点和难点环节先行先试，探索数据要素市场的运行机制。制定更具有针对性的法律法规，使数据要素市场化有规可循、有法可依。

二、加快数据资源汇聚

数据从提供者角度可分为政府数据和社会数据两大部分，打通政府部门、公共机构、企业等不同主体之间及不同主体内部的数据壁垒，加强数据资源采集汇聚，并将无序、混乱的数据加工成有序、有使用价值的数据资源，是推动数据要素市场化的基础。一是统一数据标准。统一数据标准是数据汇聚的基础性工作。当前，标准制定的缺位使得数据难以满足数据市场规模化、产业化的需求，需要推动统一的数据标准体系建设，统一不同部门、不同领域的标准资源，建立并不断完善跨部门、跨行业的数据标准体系[①]。推动人工智能、可穿戴设备、车联网、物联网等领域数据采集标准化。二是政府层面，完善公共数据资源体系建设，推进公共数据的共享开放。开展公共数据资源普查，摸清公共数据资源底数，形成全省统一的系统清单、数据清单、需求清单，健全公共数据汇聚保障机制。建立公共数据资源分类分级管理制度，为不同类型和级别数据利用策略的制定提供支撑。加快推进公共数据共享开放，加快全省一体化大数据平台建设，提升数据共享平台支撑能力，优化数据高效共享通道，推进数据跨部门、跨层级共享应用；探索建立公共数据开放清单制度，完善公共数据开放目录管理机制和标准规范[②]。三是企业层面，引导企业加强数据采集、标注、传输、存储、分析、应用等全生命周期管理，实现数据全面采集、高效互通和高质量汇聚[③]。企业通过物联网、互联网汇集的数据，借助市场化配

---

① 俞林，赵俊红，霍伟东. 推进数据要素市场化配置促进经济高质量发展［J］. 宏观经济管理，2021（10）.

② 资料来源：《广东省数据要素市场化配置改革行动方案》2021 年 7 月 5 日。

③ 鲁泽霖，陈岩. 数据要素市场化的理论内涵、现实挑战和实践路径［J］. 信息通信技术与政策，2022（1）.

置平台和渠道在全社会范围内得到汇聚和有效流动，实现经济效率最优的目标。

三、推动数据交易流通

推动数据更大范围、更加充分和有序交易流通，是数据要素市场化建设的关键，是激发数据要素价值、扩大数据生产力乘数效应的重要途径。现实中，数据产权确权、数据价值评估、数据交易流通等仍面临很多挑战，如围绕数据生产者（如消费者）和数据控制者（如平台企业）哪一方应该拥有数据的所有权仍然存在争议；数据价格与数据质量、收集难易度、特定应用场景有关，数据本身的价值难以衡量；由于缺乏相关的法律法规和交易规则，难以实现数据的充分扩散、大范围共享和市场化流通[①]；等等。加快推动数据交易流通，一要建立数据确权机制，建立数据确权标准规范，为数据分类管理以及交易提供标准指引[②]。通过数据登记确权平台及区块链等技术手段，实现对不同数据的权属类型界定。二要建立数据价值评估与价格形成机制，逐步建立和完善能准确评估数据价值的方法，健全数据询价、报价、定价、竞价机制。三要培育数据交易环境，研究制定公平、开放、透明的数据交易规则，加强市场监管和行业自律，探索建立政府、平台型企业、数据市场主体和个人多方参与、协同共治的新型监管机制，营造包容审慎的数据市场化环境。探索开展数据交易试点，建立全省统一的数据交易平台，制定平台运行规则，将数据资源类项目纳入省级公共资源交易目录管理，引导数据产品登记流通。

四、深化数据资源开发利用

数据融合应用是数据要素市场化建设的关键牵引力，而现实中数据供给与数据应用需求不匹配的问题是制约数据要素市场发展的难点之一。深

---

① 鲁泽霖，陈岩. 数据要素市场化的理论内涵、现实挑战和实践路径 [J]. 信息通信技术与政策，2022（1）.

② 吴前锋. 加快推进数据要素市场化配置改革 [J]. 浙江经济，2022（6）.

化数据资源开发利用，一要促进政企数据对接融合，探索形成政企数据融合的标准规范和对接机制，支持政企双方数据联合校验和模型对接，有效满足政府社会治理、公共服务和市场化增值服务需求①。二要深化政务数据共享共用，充分依托全省一体化大数据平台，建立健全政务数据共享责任清单机制，进一步打破部门数据壁垒，拓展政务数据共享范围，推动公共数据资源开发利用规范化和制度化。三要围绕典型业务应用场景先行先试，以应用场景为牵引，加快数据全过程应用，完善数据要素市场的供需对接机制，打造数据应用生态，切实解决数据市场供需错配问题。建立基于数字孪生的数据应用体系，以数字孪生技术作为数据应用的基础体系，在数字孪生的基础之上结合具体的业务需求，实现对数据要素的高价值应用②。

五、加强数据安全保护

在数据要素市场建立过程中，数据被大规模地收集、分析、处理、存储，一旦被泄露，将造成个人隐私曝光、公司利益受损、政府治理困难、决策混乱等问题，所以，数据保护至关重要，安全是数据市场化过程中必须守住的底线。现实中，数据开放和共享造成新的安全问题，降低了政府部门和社会机构对数据开放共享的积极性；隐私数据被滥用、敏感数据被窃取等风险，增加了数据市场主体在参与市场化流通时的顾虑，阻碍了数据要素的流动和应用。解决数据市场化中的安全问题，一要建立数据安全责任体系，完善数据分类分级保护制度，严格按照数据的类型、大小、用途和行业特性，确定数据敏感程度大小，划分不同数据的安全系数，合理处理数据的分级分类，明确安全主体责任和防护要求③。二要健全数据安全保障体系，建立统一规范的数据管理制度，提高数据安全风险识别、预

① 关于加快构建全国一体化大数据中心协同创新体系的指导意见. 2020 年 12 月.
② 俞林，赵俊红，霍伟东. 推进数据要素市场化配置促进经济高质量发展［J］. 宏观经济管理，2021（10）.
③ 鲁泽霖，陈岩. 数据要素市场化的理论内涵、现实挑战和实践路径［J］. 信息通信技术与政策，2022（1）.

警、处置能力和数据溯源能力；制定数据应用违规惩戒机制，加强对数据滥用、侵犯个人合法权益等行为的管理和惩戒力度，提升数据全生命周期的安全保障。三要加强数据安全技术和产品研发，全面提升数据市场化过程中防泄漏、防窃取、防篡改、防伪造等能力，针对数据安全监测、加密传输、访问控制等重点技术展开研究攻关，建立健全多方位的数据安全技术体系[①]。

第三节　提升数字产业创新能力

一、加强重点领域核心技术攻关

提高数字技术基础研发能力，打好关键核心技术攻坚战，尽快实现高水平自立自强，把发展数字经济自主权牢牢掌握在自己手中。山东可以发挥数字经济发展的优势，吸引集聚更多创新资源。充分发挥量子国家实验室济南基地、国家超算中心等优势，在人工智能、集成电路及关键电子元器件、大数据及云服务、基础软件和工业软件等方面，开展关键共性技术研究。实施"技术攻关 + 产业化应用"重大科技示范工程，巩固山东省在高端服务器、高效网络存储、量子通信、网络空间安全等领域的技术优势，加快行业集群性提升和区域集成性创新。支持行业龙头企业设立省自然科学基金联合基金，重点解决数字产业共性基础问题。

二、做大做强核心引领产业

加快云计算产业发展，实施核心电子器件、高端通用芯片及基础软件等核心技术攻关，积极推动安全可靠的云产品和解决方案在各领域推广应用。促进物联网创新发展，推动无线射频识别、近距离无线通信、智能传

---

① 俞林，赵俊红，霍伟东.推进数据要素市场化配置促进经济高质量发展［J］.宏观经济管理，2021（10）.

感器、智能终端等物联网设备的研发与产业化。加快地理信息产业发展，持续建设和发展北斗系统，加快北斗数据中心和数据运营服务平台建设，提供北斗卫星数据综合服务。

三、巩固关键基础产业

促进集成电路产业创新发展，加快嵌入式 CPU、存储器、智能计算芯片等集成电路设计技术研发，提升芯片设计能力，着力突破晶圆制造产业环节。大力发展核心基础元器件，支持新型显示材料、光学薄膜等核心配套产业发展，加快液晶面板、主动矩阵有机发光二极管面板及其模组、背光源、超薄玻璃基板等关键材料和器件研发，培育新型显示技术与产品。鼓励新型显示企业与配套企业纵向融合，加强与智能终端、可穿戴设备、汽车电子、数字家庭等下游产业横向合作。

四、提升高端优势产业

突破云操作系统、数据库、建模仿真等关键共性技术，研发面向金融、教育等领域的高质量行业应用软件，推进工业控制软件和嵌入式软件研发和产业化，营造名城、名园、名企、名品一体化的高端产业生态。加快高性能计算中心建设，推进具有自主知识产权的高端服务器和云计算服务器、大数据存储系统研发和产业化，构建可持续发展的高性能计算应用生态环境。强化智能家居应用服务和商业模式创新，重点发展智能冰箱、智能电视、智能空调、智能洗衣机、智能音箱、智能安防等产品和数字家庭系统解决方案，提升产品附加值和竞争力。

五、培育发展前沿新兴产业

加快发展人工智能，支持计算机视觉、智能语音处理、生物特征识别等关键技术研发及产业化，大力发展智能芯片、基础软件、智能硬件、移动智能终端等技术和产品，加快在工业、教育、医疗、养老、家政服务等重点领域形成一批代表性的软硬件产品与解决方案。推动虚拟现实产业快速发展，构建涵盖终端研发、内容制作分发、行业应用和相关服务的完整产业链，促进虚拟现实技术与工业设计、健康医疗、动漫游戏、文教娱乐等领域的融合发展。加快区块链产业化进程，积极探索区块链在质量体系建设、电子商务、电子政务、医养健康、智能制造、智慧物流、分布式能源上网等领域的应用场景和推广应用。

六、推动创新平台建设

支持浪潮、海尔、歌尔、海信等骨干企业全力创建国家技术创新中心等国家级重大创新平台。以中科院济南科创城、未来网络研究院等重大平台为载体，加快推动数字产业领域大科学装置落地建设，提升企业创新能力。

支持行业龙头骨干企业牵头组建数字产业创新联合体，省级科技计划项目中数字产业化攻关任务，优先由联合体实施。实施数字技术中小企业创新能力提升工程，采取无偿资助、风险补偿、股权投资等方式，支持强化产学研协同创新；完善孵化育成体系，引导创业投资机构和社会资本投入，打造培育一批数字产业专精特新"小巨人"企业、瞪羚企业、独角兽企业。

七、打造数字产业示范区

聚焦山东省优势产业、核心产业和前沿领域，在东、中、西部选择不同类型的县（市、区）、开发区、高新区等功能区，部署开展全省数字经济核心产业示范区建设，探索各具特色的差异化发展路径，形成一批可推广、可复制的经验做法，以点带面，打造全省数字经济发展的强力引擎。

具体来说，在济南市高新区打造云计算产业示范区，依托浪潮和国家超算中心等，重点在构建存算一体的数据处理体系、搭建云计算大数据智能应用生态、加快政府数据资源与社会数据资源整合共享等方面创新突破，争取建设国家级一体化大数据中心、工业互联网大数据中心等。在青岛市即墨区打造人工智能产业示范区，依托酷特、影创等企业，聚焦智能机器人、智能家居、智慧医疗等重点产业领域，建设具有更强创新力、更高附加值的人工智能产业链条，大力实施工业互联网创新发展工程，推动人工智能与制造业深度融合。在烟台市莱山区打造互联网设计产业示范区，依托橙色云等企业，重点建设工业产品协同研发平台，汇聚产学研用等资源，实现需求与资源的智能匹配，着力解决中小微制造业企业人才招聘难、行业人才缺乏、研发成本高、生产效率低、企业管理弱等痛点，赋能传统制造业企业实现数字化转型。在潍坊市高新区打造超高清视频产业示范区，依托歌尔等企业，聚焦核心元器件、传输设备、专用终端等领域，开发虚拟现实智能芯片、智能硬件、移动智能终端等技术和产品，高标准建设超高清视频创新载体，加快构建涵盖设备和终端产品生产、内容采集、制作、传输、呈现、应用等各环节的超高清视频产业链。在济宁高新区打造软件产业示范区，依托国家软件产业国际创新园，大力发展软件服务外包、软件开发、软件测试、软件人才实训等业务，加快发展面向智能制造的工业应用软件和面向智慧城市细分领域的应用软件。

第四节　加快产业数字化转型

一、加强和完善顶层设计，为加快产业数字化提供指导

当前，在新一轮信息技术革命和产业变革的背景下，数字经济融合发展趋势将更加凸显，产业数字化仍是数字经济主攻方向，产业数字化潜力空间巨大。加快传统产业的数字化改造和转型升级，是推进新旧动能转换、提升生产效率的重要路径，是拉动经济增长的新动力，为经济高质量发展开辟新空间。推动产业数字化是一项复杂的系统工程，加强顶层设计至关重要。要明确定位产业数字化转型在构建新发展格局、推动高质量发展、建设现代化经济体系、构筑国家和区域竞争新优势中的重大意义。既要研究制定产业数字化转型的战略规划，构建产业数字化转型的政策体系，还要完善相关治理体系，为规范产业数字化转型提供重要保障。聚焦

当前产业数字化转型的重点和短板，立足产业发展现状，加大融合创新发展的政策研究、产业研究和技术研究。着眼战略全局和整体布局，结合各地产业特色和产业集群，制定相关配套政策。

二、打造示范样板，引领和带动产业数字化

在全省积极开展数字化转型优秀产品、解决方案以及应用场景征集及筛选，挖掘深入痛点、确实有效的场景案例，切实打造一批示范样板。或争取一批国家级重大成果到山东开展试验示范，形成更多可推广的应用场景，并形成完善的行业配套标准体系，以标准引领，为参与转型的各类主体提供指导。

大力推动龙头企业数字化转型，培育非数字原生企业数字化赋能能力。应充分发挥重点龙头企业在行业中的地位优势，鼓励基础好、实力强的行业龙头企业积极采用新一代信息技术，探索智能制造等新模式。推动其加快行业大数据中心及平台的建设，并支持有条件的企业将其数字化转型业务分拆，由行业龙头企业向行业数字化转型赋能企业转型，进一步提升其在数字化浪潮中的行业引领作用，持续保持行业竞争优势。同时，积极推动中小企业数字化转型，促进大中小企业融通发展。加快建立包括政府、平台企业、行业龙头企业、行业协会、服务机构以及中小微企业在内的联合推进机制，积极鼓励与推动中小微企业数字化转型。

三、加快建设集成平台，推进行业信息整合共享

产业数字化的需求特点在于"快""准""精"，培育行业级互联网平台是让行业实施智能化改造、打造即时互动数字车间和"连通器"工厂的必由之路。利用这些平台，可以最大程度保障数据安全的情况下，加快数据采集、甄别、分析，最终形成科学决策；可以尽力整合相近产业链条中的企业单元，依托链条中主单元（龙头企业），培育全链条互联网应用平台，实现大多数供应链资源的共享与优化。

因此，要加快搭建工业互联网和产业互联网等集成平台，把工业互联

网作为打造制造强省、数字强省的战略抓手，大力推进5G＋工业互联网融合发展工程，围绕山东省十强产业，重点打造国内领先的重点产业行业数据中心和产业大数据共同体。各地可围绕区域特色产业集群，积极推进与工业互联网企业对接，培育一批面向行业或产业集群的工业互联网平台。打通产业链上下游制造企业的数据流通渠道，促进产业链上相关制造企业在产品设计研发、生产制造等环节实现无缝对接。一要打破各分工环节"割裂数据""信息孤岛"困境，更好发挥数据资源的价值创造和集成功能，推动产业信息整合共享，实现高效协同，提升资源配置效率。二要加强先进制造技术和智能制造技术在装备制造设施中的融合应用，为传统企业数字化转型提供基础保障。同样，农业和服务业也要根据产业布局和产业集群，积极打造行业互联网平台。

四、培养提高企业的数字化思维和转型能力

产业的数字化转型，关键在于企业。因此，要加快产业数字化转型，就要提升企业的数字化思维和转型能力，改变企业对数字化认识不足及缺乏数字化转型动力和能力的现状。通过宣传、培训等，切实提升企业领导层对数字化转型的认识。

企业要以客户需求为"主导者"，从外部需求倒逼内部变革。企业发展的价值观和战略导向要从过去产能驱动型转变为数据驱动，将数据作为一个重要要素。要尽快破除传统上业务与信息技术之间存在的界限和鸿沟，在企业内部成立新型的数字化机构，实现融合创新，重构企业的业务组合、协同方式和管理层级。

五、加大产业数字化转型的政策支持力度，拓宽融资渠道

资金缺乏是制约企业数字化转型的重要因素之一。因此政府应制定相关政策，加大支持力度，拓宽企业数字化转型的融资渠道。财政和预算内投资安排产业转型专项资金和产业转型引导资金，对企业上云、数字化设备和服务购买等进行补贴和税收优惠；鼓励商业银行提供数字化专项优惠

信贷，支持符合条件的企业通过发行股票、债券等多渠道融资。通过政府购买服务、开放政府资源、促进数据共享等方式，为产业数字化转型提供新的应用场景。支持互联网头雁型企业积极投身农村数字普惠金融，引导金融资本和工商资本参与数字乡村建设，探索建立"政＋企＋银"的多方合作机制。同时，应遵循农业科技创新和数字技术创新规律，在立项机制、经费投入等方面为创新主体提供差异化财政支持①。

第五节　实施数字强省人才工程

一、大力培养各类数字人才

数字经济，说到底是人才经济。随着数字产业化和产业数字化的不断深入，拥有专业数字技能人才的需求正在急剧增长，数字人才日益成为创新驱动发展、企业转型升级的核心竞争力。目前制约我国发展数字经济的最大因素是人才短缺，据中国信息通信研究院发布的《数字经济就业影响研究报告》显示，中国数字化人才缺口已接近1100万人，而随着全行业数字化的快速推进，人才需求缺口还会持续放大。山东省同样面临数字人才短缺的挑战，企业普遍反映拥有顶尖数字技能的人才供不应求，具备数字技术与行业经验的跨界人才供不应求，初级数字技能人才的培养跟不上需求增长。因此，要大力发展数字经济，就要实施数字人才强省工程，其中大力培养各类数字经济人才是关键。

强化数字人才教育，培养一批数字经济高层次人才、一批复合型应用人才、一批优秀企业家、一批"数字工匠"。建设省内高校数字经济相关专业的"双一流"学科和学科群，支持高校申报数字经济产业相关学位授权点、设立相关专业及院系。促进计算机科学、数据分析与其他专业学科间的交叉融合，加强相关学科建设，扩大互联网、物联网、大数据、云计

---

① 李健．数字技术赋能乡村振兴的内在机理与政策创新 [J]．经济体制改革，2022（3）：77–83．

算、人工智能等数字人才培养规模。吸引省外知名高校来山东设立分院或研究生院，培养数字经济相关专业人才。

加强数字技能培训，培养"数字工匠"。大规模开展职业技能培训，吸引社会力量参与数字人才培养培训。推动数字经济产教融合发展，鼓励数字技术企业与高校及高等职业院校开展校企合作，设立实习基地、吸引学生到企业实习、就业，高校搭建开源平台，用真实的用户场景培养学生，实现教育链人才链与产业链创新链的有机衔接。打造一批区域性数字技能公共实训基地和技能大师工作室。聚焦数字化转型，建立全省"数字工匠"培育库，联合龙头企业和院校推动打造一批区域性数字技能公共实训基地。

企业高层才是推动数字化转型的关键力量，数字化转型的成功与进度很大程度上取决于公司高层对数字化转型的理解和决心，因此，依托高等院校、职业院校、实训基地等，每年对企业负责人开展数字化培训。聚焦"专精特新"企业，支持企业管理人员、技术人员等参与工业互联网职业培训，提升不同层次从业者的知识结构和技能素养。面向中小企业提供一批数字化转型基本技能培训服务，运用传统培训与数字培训相结合的方式，打造"互联网＋职业技能培训"数字化资源服务平台。

在培养数字经济高层次人才的同时，也要加强数字化的普及教育，对农民、一线工人和其他普通民众进行数字经济普及教育。总之，既要发挥政府的作用，还要发挥行业协会、认定机构、培训机构、咨询机构等第三方作用，形成综合性的数字化人才培育体系，提升全民数字素养。

二、强化数字人才引进

在培养数字人才的同时，也要注重引进人才。当前，各省都比较重视数字人才的引进工作，如江苏出台关键核心技术人才特殊调配机制办法，建立省级人才事业编制"周转池"，助力省属科研院所和高科技企业引进急需紧缺人才，推动人才跨领域、跨部门、跨区域配置，为集聚数字经济高层次人才搭建"绿色通道"。山东也应进一步加大数字人才引进力度。

一是汇集人才数据，精准引进人才。要适时有效地运用大数据、云计算等技术手段实现全球数字人才资源的科学评估与精准引进。聚焦重点产业和重点人才群体，实施清晰标签、精准画像，让数据动起来、用起来。二是创新引才政策。要加大国际一流数字技术人才、科研团队、创新创业团队引进力度，深入实施"外专双百计划""离岸创新人才"等政策。加大引进人才的政策力度，给予高层次人才更多优惠。对引进的创新、科研团队、国内外一流专家要给予适当的工作经费和适合的工作场所，并解决好住房、子女入学、户籍、医疗保险、配偶工作、学术研修等问题。三是创新引才方式。简政放权，进一步明确用人主体，避免包办，增强人才使用主体的责任，调动用人单位的积极性。鼓励用人单位柔性引进海内外专家智力资源。支持企事业单位采取挂职兼职、技术咨询、周末工程师、特岗特聘等方式引进急需紧缺高层次数字化人才。积极举办国际学术会议和相关比赛，鼓励引导人才和团队加强与全球顶尖研究机构合作。

三、健全数字经济人才评价体系

完善人才分类评价体系，建立符合人才规律的多元化考核评价体系，对企业家、专业技术人才、企业管理人才、技能型人才等各类人才实行分类管理，建立不同领域、不同类型人才的评价体系，明确评价的指标和要素。引入市场评价机制，推动同行评价。探索数字人才职称评审制度。当前，江苏正在加快建立全省统一的数字经济人才职称评价制度体系，在工程系列职称中增设数字经济工程专业，支持苏州率先开展数字经济工程高级职称评审试点。山东也可借鉴江苏的做法，积极探索部分数字经济新兴专业高级职称评审制度改革，在济南、青岛等数字经济发展较好的市实施数字经济新兴专业高级职称评审试点。

四、创新和完善人才服务制度

完善人才服务政策，确保数字经济人才"引得来，留得住"，为数字人才营造良好社会环境。

创新服务模式，实施人才服务流程再造。充分利用互联网，积极打造

"一站式"公共服务平台，为各类人才提供人才认定、项目申报、生活补贴、子女入学、社保医疗、住房支持、文化活动、人才研修、出入境等"一站式"高效服务，实现"一网打尽"。

探索实施"揭榜挂帅"数字人才集聚行动。面向数字经济发展重点产业链，广泛征集推动产业数字化、数字产业化、数字经济与实体经济融合发展等领域的重大关键核心技术攻关需求清单，在充分论证的基础上，定期发布数字经济领域"揭榜挂帅"榜单，通过线上线下等方式发布"英雄帖"，通过"揭榜挂帅"形式吸引国内外专家人才进行技术攻关、成果转化，解决制约数字产业链发展的"卡脖子"技术难题，对接、吸引契合度较大、科研实力较强的数字人才团队集聚到山东省。省市成立数字经济领域"揭榜挂帅"项目跟踪服务专班，及时协调解决"揭榜挂帅"项目合作过程中存在的困难与问题。

设立成果转化服务专员制度，为成果转化提供精准服务。山东省可以尝试设立科技成果转化专员，为科技成果转化和产业化提供全方位服务。

另外，应大力推进人才服务的市场化，着力增加人才服务供给，提升人才服务的精准性。

第六节　优化数字经济生态

一、把握区域数字经济生态系统演进特点

数字经济已跨越了 ICT 技术的简单应用阶段，正迈向以数字技术与实体经济全面渗透、深度融合的新阶段。我国"十四五"规划和 2035 年远景目标纲要，明确提出要"营造良好的数字生态"，这是"数字生态"概念首次出现在国家战略规划文件中；同时明确了我国良好数字生态建设的核心目标是"坚持放管并重，促进发展与规范管理相统一，构建数字规则体系，营造开放、健康、安全的数字生态"。营造良好数字生态是我国"十四五"时期的重要工作，也是数字经济应对风险挑战、实现良性运转的基础条件。所谓数字生态，是数字时代下的政府、企业和个人等社会经

济主体，通过数字化、网络化和智能化等技术进行连接、互动与融合，形成围绕数据的流动循环、相互作用的社会经济生态系统①。根据北京大学大数据分析与应用技术国家工程实验室联合国内十余家单位共同研究发布的《2021中国数字生态指数》，中国的省级数字生态呈现出全面领先型、赶超壮大型、发展成长型、蓄势突破型四型联动的发展格局，其中，北京、广东、上海、浙江、江苏属于全面领先型，数字生态指数位居国内前列；山东处在赶超壮大型组的首位，居全国第六。与全面领先组相比，山东在数字基础设施、数据资源、政策环境等数字基础方面有坚实的基础，在数字人才、技术创新、数字安全等数字能力方面也都有较好的表现，但在数字应用方面存在一定的短板，一定程度上影响了省内数字生态的提升。《山东省"十四五"数字强省建设规划》明确提出，"十四五"期间要营造开放包容、合作共赢、安全有序的富有活力的数字生态。

二、完善数字规则体系

数字规则体系是数字治理的主要依据，也是数字生态最重要的制度环境。数据与传统生产要素相比，具有载体多栖、非排他性、边际成本低、价值差异大、权属复杂等特质，难以参照传统的生产要素管理理念和管理手段进行数据管理的规则设计，需要一套全新的规则体系②。先野蛮生长后规范治理的老路已经不适合正在蓬勃兴起的数字经济，数字规则体系的建设与完善，应把握好开放、健康、安全之间的关系，弥补现有数据规则体系存在的不足。一是数据产权方面。数据涉及个人用户、企业、政府机构、数据中介机构等多元主体，包含数据所有权、最终控制权、使用权以及商业交易权等多种权属，对数据产权保护存在多种路径、多种模式。现有法律法规均未对数据或数据权利的定义和法律属性作出明确规定，容易导致在数据管理相关法规制度落实过程中存在诸多问题。因此，需要尽快制定出台数据产权保护相关法规与规范性文件，有效指导数据确权、保护

---

① 2021数字生态指数［R/OL］. 北京大学大数据分析与应用技术国家工程实验室，2021.
② 中国信息通信研究院：数字规则蓝皮报告（2021）。

边界以及社会利益和权力主体合法权益平衡等问题。二是配套制度方面。在加快数据立法基础上，推动在数据收集、数据交易、数据跨境流动以及监督执法等方面下位法、实施细则、操作指南等配套体系的建设，明确各项制度实施的具体流程、具体要求，强化法律法规的引导性和可操作性。三是数字化方面。积极推进数据共享、数据开放、数据交易、数据应用等相关立法探索。由于数据共享、数据交易等产业还处于初级探索阶段，在平台性质、责任承担、行业标准等问题上，尚未达成各方共识，应在规制与发展、安全与发展之间进行实践探索，以引导为主规范产业有序发展。

三、构建数字经济产业生态体系

深化数字技术创新应用、激发数字经济发展活力，是营造良好数字经济生态的重要内容和关键领域。一是完善数字产业生态。加强关键核心技术攻关，立足高水平自立自强，牵住自主创新这个"牛鼻子"，高标准建设"中国算谷"，加快发展第三代半导体，布局新型显示、智能传感、高速光电子等核心基础元器件，大力发展先进计算、新型智能终端、超高清视频和高端软件等优势产业，壮大特色领航产业集群，打造自主可控的数字产业生态体系。二是加快构建数字经济全产业链生态。当前，数字化转型尚处于探索发展阶段，相当一部分企业对数字化的系统性认识不足，产业间和产业内协同化水平较低，互联互通的生态经济效应尚未发挥出来，数字化转型的第三方服务机构供给不足。因此，要充分发挥全产业链协同效应，推动数字经济和实体经济深度融合，形成一批千亿级数字产业集群，打造万亿级融合型数字产业生态[①]。三是壮大数字经济主体力量。在数字生态系统中，从数据生产到数据应用产生价值的每个环节，都存在大量的参与者与利益相关者，通过共建互惠共赢的机制，构建参与主体活跃的数字生态共同体[②]。需要大力度培育数字经济领军企业，构建以省内企业为主的数字经济企业群落，推动形成市场化、竞合并存的生态发展机

---

① 资料来源：《山东省"十四五"数字强省建设规划》。
② 中国信息通信研究院：数字规则蓝皮报告（2021）。

制，提升数字生态系统的运行效率。

四、打造开放的数字生态

良好数字生态的开放要求，体现了对互联网与数字经济固有规律的认识，反映了个人、企业、政府等各类主体共享数字赋能的需求，也是双循环背景下构建数字生态合作新格局的要求。数字技术已经渗透到整个经济社会的各个方面，只有开放性的数字生态才能成为更加有竞争力的数字生态。开放的数字生态，既包括对内开放，也包括对外开放。一是加强公共数据开放共享。数字经济发展要求开放公共数据，通过多种方式充分释放数字资源的潜能。山东积极推动公共数据开放，公共数据开放水平位列全国第二，数据开放已成为引领和推动经济社会发展的新动力。但仍存在对公共数据开放缺乏规范指引与约束、已建成的公共数据开放网站及平台功能不完善等现实问题，需进一步拓展开放领域、完善制度保障，以进一步增强对数字经济的促进作用及对社会创新的激发作用。二是加强数字领域的对外交流与合作。积极参与制定数字和网络空间国际规则，积极融入国际数字生态圈，打造数字贸易战略枢纽，大力发展数字贸易，支撑构建双循环新格局。深化制度创新，推进在数据跨境流动监管、运输、金融、医疗等重点领域改革创新；推动数字贸易包括数字并购贸易、数字交付贸易和数字中间平台赋能贸易；突出区位优势，强化对日本、韩国、RCEP、"一带一路"等国际市场的布局和开拓，打造全球数字服务产业节点、中日韩数字贸易特色高地。

参 考 文 献

［1］2021 年淘宝村名单出炉 全国淘宝村数量已突破 7000！［EB/OL］. 搜狐网，2021 - 10 - 11.

［2］白全民，李晔. "产业数字化"全国第三，山东如何走好数字经济 "大棋局"［N］. 大众日报，2021 - 06 - 02.

［3］北京大学数据研究院.《2021 中国数字经济产业发展指数报告》.

［4］陈晓东. 促进数字经济与实体经济融合发展［N］. 经济日报，2020 - 06 - 17.

［5］东方欲晓. 促进乡村数字化地方各有妙招［J］. 中国商界，2021（6）.

［6］杜庆昊. 数字产业化和产业数字化的生成逻辑及主要路径［J］. 经济体制改革，2021（5）.

［7］福建省经济信息中心.《福建省数字经济发展指数评价报告（2022 年）》.

［8］《福建省人民政府关于印发国家数字经济创新发展试验区（福建）工作方案的通知》（闽政〔2021〕5 号）.

［9］《福建省做大做强做优数字经济行动计划（2022—2025 年）》.

［10］高效激发发展新动能——山东增强经济社会创新力观察（下），大众日报，2022 - 08 - 11.

［11］高子平. 大数据时代的国际人才柔性集聚机理与模型［J］. 中国人事科学，2018（4）.

［12］官春子，黄俭. 数字经济测度困境与核算建议［J］. 辽东学院学报，2020（3）.

［13］《关于加快构建全国一体化大数据中心协同创新体系的指导意见》（发改高技〔2020〕1922 号）.

［14］《关于全面提升江苏数字经济发展水平的指导意见》（苏发〔2022〕7号）.

［15］《关于深入推进数字经济发展的意见》（苏政办发〔2020〕71号）.

［16］《关于实施大数据战略行动建设国家大数据综合试验区的意见》（黔党发〔2016〕14号）.

［17］《关于推动数字经济加快发展的意见》（黔党发〔2017〕7号）.

［18］管辉，雷娟利.数据要素赋能农业现代化：机理、挑战与对策［J］.中国流通经济，2022（6）.

［19］《广东省建设国家数字经济创新发展试验区工作方案》（粤府函〔2020〕328号）.

［20］《广东省人民政府关于加快数字化发展的意见》（粤府〔2021〕31号）.

［21］《广东省数据要素市场化配置改革行动方案》（粤府函〔2021〕151号）.

［22］《广东省数字经济发展规划（2018—2025年)》.

［23］《广东省数字经济发展指引1.0》（粤工信数字产业函〔2022〕26号）.

［24］《贵州省数字经济发展规划（2017—2020)》（黔数据领办〔2017〕2号）.

［25］郭克莎，杨倜龙.以数字技术赋能产业转型升级［N］.经济日报，2022-8-9.

［26］郭倩.产业数字化转型提速［N］.中国改革报，2021-08-25（10）.

［27］《国家大数据（贵州）综合试验区"十四五"建设规划》（黔府函〔2021〕214号）.

［28］《国务院关于印发"十四五"数字经济发展规划的通知》（国发〔2021〕29号）.

［29］韩晶，孙雅雯，陈曦.后疫情时代中国数字经济发展的路径解析［J］.经济社会体制比较，2020（5）.

［30］黄晋鸿，周德禄.山东人才发展蓝皮书（2020）［M］.济南：

山东人民出版社，2020.

[31] 黄明明，吴正官. "数字乡村"发展的实践路径分析——以山东省为例 [J]. 农业展望，2021 (12).

[32] 《江苏省"十四五"数字经济发展规划》（苏政办发〔2021〕44 号）.

[33] 《江苏省数字经济加速行动实施方案》（苏工信数据〔2021〕632 号）.

[34] 康铁祥. 中国数字经济规模测算研究 [J]. 当代财经，2008 (3).

[35] 孔存玉，丁志帆. 制造业数字化转型的内在机理与实现路径 [J]. 经济体制改革，2021 (6).

[36] 雷鸣嘉. 数字经济发展水平测度指标体系研究 [J]. 上海信息化，2020 (5).

[37] 李健. 数字技术赋能乡村振兴的内在机理与政策创新 [J]. 经济体制改革，2022 (3).

[38] 李俊，渠红颖. 山东省制造业数字化路径研究 [J]. 合作经济与科技，2021 (9).

[39] 李俊江，何枭吟. 美国数字经济探析 [J]. 经济与管理研究，2005 (7).

[40] 李晓华. 数字经济新特征与数字经济新动能的形成机制 [J]. 改革，2019 (12).

[41] 李永红，黄瑞. 我国数字产业化与产业数字化模式的研究 [J]. 科技管理研究，2019 (16).

[42] 连玉明. 中国大数据发展报告 [M]. 北京：社会科学文献出版社，2017 - 2022.

[43] 林云，蒋晓雁. 建立和完善数字经济统计体系研究 [J]. 统计科学与实践，2019 (1).

[44] 刘金旺，王娟. 山东省数字经济与实体经济融合发展浅析 [J]. 山东工业技术，2020 (2).

[45] 刘淑春. 中国数字经济高质量发展的靶向路径与政策供给 [J]. 经济学家，2019 (6).

［46］刘洋，董久钰，魏江. 数字创新管理：理论框架与未来研究
［J］. 管理世界，2020（7）.

［47］吕珊，孙琼，陈瑾宇. 数字化转型对制造业企业全要素生产率
的影响［J］. 财会研究，2022（6）.

［48］罗锡文，廖娟，臧英，区颖刚，汪沛. 我国农业生产的发展方
向：从机械化到智慧化［J］. 中国工程科学，2022（1）.

［49］马化腾，孟昭莉，闫德利，王花蕾等. 数字经济 中国创新增长
新动能［M］. 北京：中信出版社，2017.

［50］农业农村部.《2021 年全国县域农业农村信息化发展水平评价
报告》.

［51］农业农村部信息中心，中国国际电子商务中心.《2021 全国县
域数字农业农村电子商务发展报告》.

［52］逢健，朱欣民. 国外数字经济发展趋势与数字经济国家发展战
略［J］. 科技进步与对策，2013（8）.

［53］裴长洪，倪江飞，李越. 数字经济的政治经济学分析［J］. 财
贸经济，2018（9）.

［54］彭磊. 数字关境对我国数字市场开放的意义及政策涵义［J］.
国际贸易，2020（9）.

［55］彭伟. 山东省纺织服装产业数字化转型升级路径研究［J］. 山
东纺织经济，2021（1）.

［56］钱志新. 数字新经济［M］. 南京：南京大学出版社，2018.

［57］秦秋霞，郭红东，曾亿武. 乡村振兴中的数字赋能及实现途径
［J］. 江苏大学学报（社会科学版），2021（9）.

［58］清华大学互联网产业研究院.《中国新基建竞争力指数报告（2022）》.

［59］任保平，迟克涵. 数字经济支持我国实体经济高质量发展的机
制与路径［J］. 上海商学院学报，2022（1）.

［60］山东打造数字乡村"样板"激发乡村振兴新动能［EB/OL］. 鲁
网，2018 - 8 - 2.

［61］山东康平纳：传统纺织产业如何摘得"中国工业奥斯卡"？新华
社，2019 - 3 - 26.

［62］山东累计开通 5G 基站 12.3 万个，乡镇镇区 5G 覆盖比达 100%
［N］. 大众日报，2020 - 6 - 06.

［63］山东省《贯彻落实〈中共中央国务院关于构建更加完善的要素市场化配置体制机制的意见〉的实施意见》（鲁发电〔2020〕42 号）.

［64］《山东省服务业数字化转型行动方案（2021—2023 年)》（鲁发改服务〔2021〕741 号）.

［65］《山东省经济和信息化委员会关于印发山东省信息化和工业化深度融合专项行动方案（2014 - 2018 年）的通知》.

［66］《山东省人民政府办公厅关于加快全省智慧农业发展的意见》（鲁政办字〔2018〕142 号）.

［67］《山东省人民政府办公厅关于印发"十大创新""十强产业""十大扩需求"2022 年行动计划的通知》（鲁政办字〔2022〕28 号）.

［68］《山东省人民政府办公厅关于印发山东省进工业大数据发展的实施方案（2020 - 2022 年）的通知》（鲁政办字〔2020〕160 号）.

［69］《山东省人民政府办公厅关于印发山东省信息进村入户工程整省推进实施方案的通知》（鲁政办字〔2018〕183 号）.

［70］《山东省人民政府办公厅关于印发数字山东 2020 行动方案的通知》（鲁政办字〔2020〕47 号）.

［71］《山东省人民政府关于贯彻国发〔2016〕28 号文件深化制造业与互联网融合发展的实施意见》（鲁政发〔2017〕17 号）.

［72］《山东省人民政府关于印发山东省"十四五"数字强省建设规划的通知》（鲁政字〔2021〕128 号）.

［73］《山东省支持数字经济发展的意见》（鲁政办字〔2019〕124 号）.

［74］上海社会科学院经济研究所. 全球数字经济竞争力发展报告［M］. 北京：社会科学文献出版社，2017.

［75］石建勋. 加快推动数字产业化和产业数字化［N］. 人民日报，2021 - 10 - 15.

［76］《数字山东发展规划（2018—2022 年)》.

［77］汤潇. 数字经济——影响未来的新技术、新模式、新产业［M］. 北京：人民邮电出版社，2019.

[78] 田丽. 各国数字经济概念比较研究 [J]. 经济研究参考，2017 (40).

[79] 万晓榆，罗焱卿，袁野. 数字经济发展的评估指标体系研究——基于投入产出视角 [J]. 重庆邮电大学学报（社会科学版），2019 (6).

[80] 王彩. 数字经济驱动传统产业转型升级的路径研究——以绍兴纺织产业为例 [J]. 经济研究导刊，2019 (7).

[81] 王俊豪，周晟佳. 中国数字产业发展的现状、特征及其溢出效应 [J]. 数量经济技术经济研究，2021 (3).

[82] 王廷勇，杨丽，郭江云. 数字乡村建设的相关问题及对策建议 [J]. 西南金融，2021 (12).

[83] 王洋，于君. 区域数字经济竞争力评价体系研究 [J]. 竞争情报，2020 (5).

[84] 温珺，阎志军，程愚. 数字经济与区域创新能力的提升 [J]. 经济问题探索，2019 (11).

[85] 吴春华，张艳秋. 山东省数字经济高质量发展对策研究 [J]. 中国集体经济，2020 (29).

[86] 习近平. 把握数字经济发展趋势和规律推动我国数字经济健康发展 [N]. 人民日报，2021 - 10 - 20.

[87] 习近平. 不断做强做优做大我国数字经济 [EB/OL]. 求是网，2022 - 1 - 15.

[88] 辛金国，姬小燕，张诚跃. 浙江省数字经济发展综合评价研究 [J]. 统计科学与实践，2019 (7).

[89] 徐清源，单志广，马潮江. 国内外数字经济测度指标体系研究综述 [J]. 调研世界，2018 (11).

[90] 许宪春，张美慧. 中国数字经济规模测算研究——基于国际比较的视角 [J]. 中国工业经济，2020 (5).

[91]「沿着总书记的足迹」山东篇：以科技创新促进农业高质量发展打造乡村振兴的"齐鲁样板"（baidu. com）.

[92] 杨水利，陈娜，李雷. 数字化转型与企业创新效率——来自中国制造业上市公司的经验证据 [J]. 运筹与管理，2022 (5).

［93］《要素市场化配置综合改革试点总体方案》（国办发〔2021〕51 号）.

［94］易宪容，陈颖颖. 数字经济中的几个重大理论问题研究——基于现代经济学的一般性分析 ［J］. 经济学家，2019（7）.

［95］殷浩栋，霍鹏，汪三贵. 农业农村数字化转型：现实表征、影响机理与推进策略 ［J］. 改革，2020（12）.

［96］推动产业数字化转型的若干着力点 ［EB/OL］. 新华网，2022 - 5 - 28.

［97］于佳秋. 传统制造业数字化转型的困境与对策——以长兴县夹浦纺织产业为例 ［J］. 江南论坛，2021（9）.

［98］张嘉麟，李蕴辞. 工业互联网情景下的企业组织变革 ［J］. 商场现代化，2022（2）.

［99］张美慧. 国际新经济测度研究进展及对中国的借鉴 ［J］. 经济学家，2017（11）.

［100］张晓. 衡量数字经济：一个新的视角 ［M］. 上海：上海远东出版社，2015.

［101］张昕蔚，蒋长流. 数据的要素化过程及其与传统产业数字化的融合机制研究 ［J］. 上海经济研究，2021（3）.

［102］张昕蔚. 数字经济条件下的创新模式演化研究 ［J］. 经济学家，2019（7）.

［103］张雪玲，焦月霞. 中国数字经济发展指数及其应用初探 ［J］. 浙江社会科学，2017（4）.

［104］赵春江. 农业的数字革命已经到来 ［N］. 农民日报，2020 - 02 - 18.

［105］赵琳. 数字经济让山东农业生产更智慧 ［N］. 大众日报，2021 - 03 - 10.

［106］《浙江省国家数字经济创新发展试验区建设工作方案》.

［107］《浙江省数字化改革总体方案》（浙委改发〔2021〕2 号）.

［108］《浙江省数字经济发展"十四五"规划》（浙政办发〔2021〕35 号）.

[109]《浙江省数字经济发展白皮书（2022 年)》.

[110]《浙江省数字经济五年倍增计划》(浙政办发〔2018〕91 号).

[111]《支持工业领域数字化转型的若干政策措施》（黔工信信发〔2022〕25 号).

[112]《中共中央国务院关于构建更加完善的要素市场化配置体制机制的意见》(中发〔2020〕9 号).

[113] 中国信息通信研究院.《中国数字经济发展白皮书》(2017 - 2022).

[114] 钟真，刘育权，数据生产要素何以赋能农业现代化 [J]. 教学与研究，2021 (12).

[115] 周莹，曲家兴，谷俊涛，等. 基于层次分析的区域数字经济指标体系研究——以黑龙江省为例 [J]. 产业科技创新，2019 (20).

[116] 朱发仓. 数字经济统计测度研究：理论与应用 [M]. 北京：经济科学出版社，2019.

[117] 朱小艳. 数字经济赋能制造业转型：理论逻辑、现实问题与路径选择 [J]. 企业经济，2022 (5).

[118] 朱晓明. 走向数字经济 [M]. 上海：上海交通大学出版社，2018.

[119]《珠江三角洲国家大数据综合试验区建设实施方案》(粤办函〔2017〕184 号).

[120] Commission E. DESI 2015. Digital Economy and Society Index. Methodological note [M]. European Commission, 2015.

[121] Nardo M, Saisana M, Saltelli A, et al. Handbook on Constructing Composite Indicators: Methodology and User Guide: (Complete Edition-ISBN 9264043454) [J]. Oecd Statistics Working Papers, 2008, 73 (2).

[122] Surhone L M, Tennoe M T, Henssonow S F. Networked Readiness Index [M]. Betascript Publishing, 2010.

附录

数字经济发展调查问卷（企业）分析结果

2021年6月至11月，以本书作者为主体的课题组，针对山东省数字经济发展水平相对较高的济南、青岛、烟台三市较为典型的数字经济企业展开调研，同时向该范围企业中层及以上人员发放调查问卷，共收回有效问卷112份。

Q1：您的受教育程度

附表1   受访者的教育程度

学历	频率（个）	百分比（%）
大学专科	18	16.1
大学本科	69	61.6
研究生及以上	25	22.3
合计	112	100.0

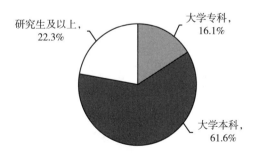

附图1   受访者教育程度构成

Q2：您的年龄

附表 2　　　　　　　　　受访者年龄构成

年龄（岁）	频率（个）	百分比（%）
20~29 岁	27	24.1
30~39 岁	59	52.7
40~49 岁	22	19.6
50 岁及以上	4	3.6
合计	112	100.0

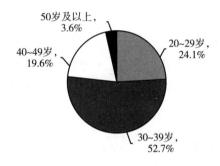

附图 2　受访者年龄构成

Q3：您在企业的职位

附表 3　　　　　　　受访者在任职企业担任的职位

职位	频率（个）	百分比（%）
高管	21	18.8
中层	47	42.0
其他	44	39.3
合计	112	100.0

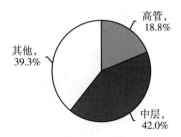

附图 3　受访者的职位构成

Q4：您单位所属行业

附表4　　　　　　　　　　受访者所属行业

行业	频率（个）	百分比（%）
服务业	35	31.3
工业	75	67.0
农业	2	1.8
合计	112	100.0

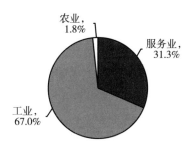

附图4　受访者所属行业构成

Q5：您对数字经济的了解程度

附表5　　　　　　　　受访者对数字经济的了解程度

了解程度	频率（个）	百分比（%）	有效百分比（%）
不了解	2	1.8	1.8
不太了解	7	6.3	6.4
一般	42	37.5	38.2
比较了解	48	42.9	43.6
非常了解	11	9.8	10.0
合计	110	98.2	100.0
系统缺失	2	1.8	—
合计	112	100.0	—

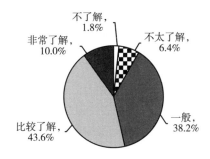

附图5　受访者对数字经济的了解程度

Q6：您通过哪些途径了解数字经济

附表6　　　　　　　　受访者了解数字经济相关信息的途径

途径	响应		个案百分比（%）
	N	百分比（%）	
网络	108	32.1	96.4
电视	38	11.3	33.9
报刊	22	6.5	19.6
教育培训	33	9.8	29.5
与他人交流	59	17.6	52.7
行业相关人员	74	22.0	66.1
其他	2	0.6	1.8
总　计	336	100.0	300.0

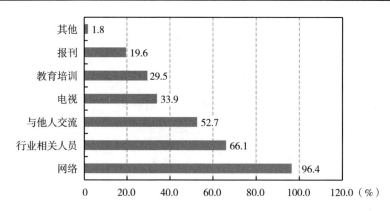

附图6　受访者了解数字经济相关信息的途径

Q7：您使用过以下哪类 App

附表7　　　　　　　　受访者使用 App 类型

类型	响应		个案百分比（%）
	N	百分比（%）	
通信类	90	11.0	80.4
餐饮类	90	11.0	80.4
教育类	69	8.4	61.6
健身类	42	5.1	37.5
购物类	94	11.5	83.9

续表

类型	响应		个案百分比（%）
	N	百分比（%）	
医疗类	53	6.5	47.3
娱乐类	73	8.9	65.2
办公类	89	10.9	79.5
出行类	88	10.8	78.6
金融理财类	65	8.0	58.0
政务类	63	7.7	56.3
其他	1	0.1	0.9
总计	817	100.0	729.5

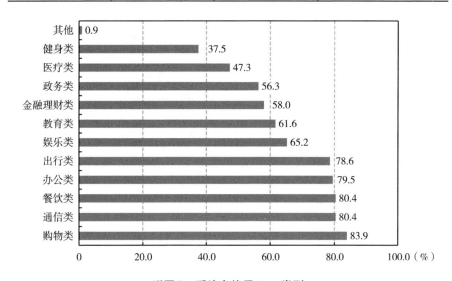

附图7 受访者使用 App 类型

Q8：您是否使用过"爱山东"App

附表8　　　　　　　受访者是否使用过"爱山东"App

	频率（个）	百分比（%）	有效百分比（%）
是	70	62.5	63.1
否	41	36.6	36.9
合计	111	99.1	100.0
系统	1	0.9	
合计	112	100.0	

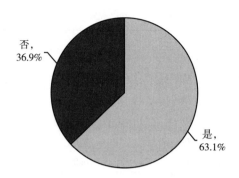

附图 8 受访者是否使用过"爱山东"App

Q9：您是否了解数字经济分类方法

附表 9　　　　　　　受访者对数字经济分类方法的了解程度

程度	频率（个）	百分比（%）	有效百分比（%）
不了解	4	3.6	3.6
不太了解	19	17.0	17.0
一般	43	38.4	38.4
比较了解	40	35.7	35.7
非常了解	6	5.4	5.4
合计	112	100.0	100.0

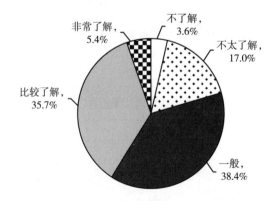

附图 9　受访者对数字经济分类方法的了解程度

Q10：您认为山东数字经济发展状况如何

附表10　　　　受访者对山东省数字经济发展状况的评价

评价	频率（个）	百分比（%）	有效百分比（%）
非常差	2	1.8	1.8
较差	15	13.4	13.4
一般	36	32.1	32.1
较好	45	40.2	40.2
非常好	14	12.5	12.5
合计	112	100.0	100.0

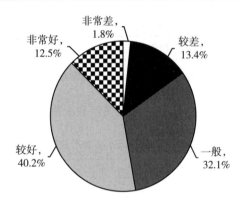

附图10　受访者对山东省数字经济发展状况的评价

Q11：您认为制约山东数字经济发展的因素有哪些

附表11　　　　受访者认为制约山东省数字经济发展的因素

因素	响应		个案百分比（%）
	N	百分比（%）	
人才缺乏	84	25.4	76.4
数字技术相关产业不强	74	22.4	67.3
顶层设计不完善	41	12.4	37.3
财政支持力度不够	33	10.0	30.0
金融支持乏力	27	8.2	24.5
相关法律法规缺失	19	5.7	17.3
政府治理能力不足	9	2.7	8.2
企业能动性不足	43	13.0	39.1
其他	1	0.3	0.9
总计	331	100.0	300.9

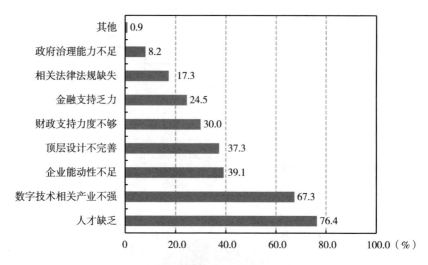

附图 11　受访者认为制约山东省数字经济发展的因素

Q12：您对政府在推动数字技术相关产业发展中的作用是否满意

附表 12　　　　受访者对政府推动数字技术相关产业发展的态度

态度	频率（个）	百分比（%）	有效百分比（%）
不满意	1	0.9	0.9
不太满意	5	4.5	4.5
一般	31	27.7	27.7
较满意	46	41.1	41.1
满意	29	25.9	25.9
合计	112	100.0	100.0

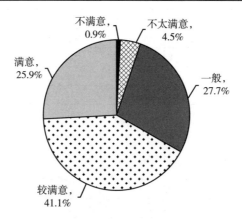

附图 12　受访者对政府推动数字技术相关产业发展的态度

Q13：您对政府在推动数字科技与各产业融合发展中的作用是否满意

附表 13　　　　　受访者对政府推动数字科技与各产业融合的态度

态度	频率（个）	百分比（%）	有效百分比（%）
不满意	4	3.6	3.6
不太满意	3	2.7	2.7
一般	32	28.6	28.6
较满意	42	37.5	37.5
满意	31	27.7	27.7
合计	112	100.0	100.0

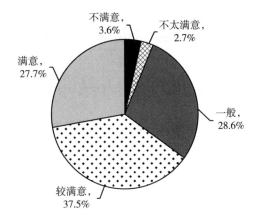

附图 13　受访者对政府推动数字科技与各产业融合的态度

Q14：您认为促进数字经济发展，政府应该在哪些方面给予支持

附表 14　　　　　受访者对政府支持数字经济发展的看法

看法	响应		个案百分比（%）
	N	百分比（%）	
改善基础设施	62	13.7	55.4
提供优惠和扶持政策	96	21.2	85.7
资金方面的奖励	64	14.2	57.1
引进高层次专业人才	80	17.7	71.4
知识产权的保护	38	8.4	33.9
提高服务效率	41	9.1	36.6
帮助寻找客户和合作伙伴	33	7.3	29.5
加强宣传引导	37	8.2	33.0
其他	1	0.2	0.9
总计	452	100.0	403.6

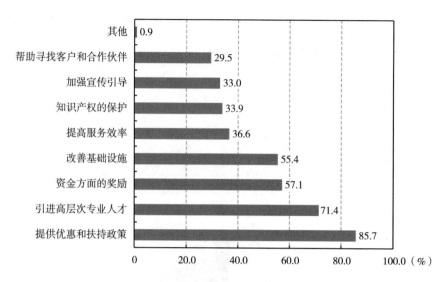

附图 14　受访者对政府支持数字经济发展的看法

Q15：您是否知晓本省/本市出台的数字经济发展扶持政策

附表 15　　　　　受访者是否知晓本省/本市出台的数字经济发展扶持政策

是否知晓	频率（个）	百分比（%）	有效百分比（%）
知晓并尝试申报	52	46.4	46.8
知晓但不知如何申报	28	25.0	25.2
不知晓	31	27.7	27.9
合计	111	99.1	100.0
系统	1	0.9	
合计	112	100.0	

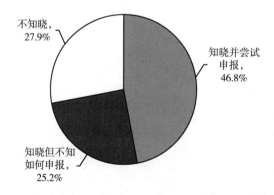

附图 15　受访者是否知晓本省/本市出台的数字经济发展扶持政策

Q16：您所在企业数字化转型的原因是

附表 16 受访者所在企业数字化转型的原因

原因	响应		个案百分比（%）
	N	百分比（%）	
企业发展需要	93	66.4	83.8
政府要求	12	8.6	10.8
行业发展要求	34	24.3	30.6
其他	1	0.7	0.9
总计	140	100.0	126.1

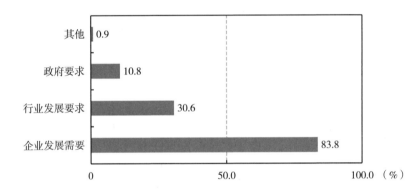

附图 16 受访者所在企业数字化转型的原因

Q17：您所在企业数字化转型的目标是

附表 17 受访者所在企业数字化转型的目标

目标	响应		个案百分比（%）
	N	百分比（%）	
降低成本，提高效率和利润率	82	45.8	73.2
通过创新促进增长	61	34.1	54.5
改善客户体验	35	19.6	31.3
其他	1	0.6	0.9
总计	179	100.0	159.8

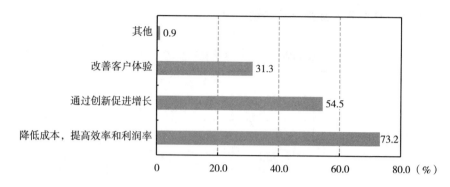

附图 17　受访者所在企业数字化转型的目标

Q18：您所在企业的数字化转型处于什么阶段

附表 18　　　　　　　　受访者所在企业数字化转型所处阶段

阶段	频率（个）	百分比（%）	有效百分比（%）
未规划或评估阶段	20	17.9	17.9
评估（规划）阶段	30	26.8	26.8
试验（试点）阶段	26	23.2	23.2
企业范围内推广阶段	36	32.1	32.1
合计	112	100.0	100.0

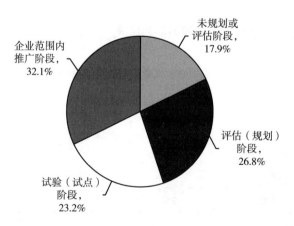

附图 18　受访者所在企业数字化转型所处阶段

Q19：为本地产业数字化转型提供技术支撑的企业主要来自哪里

附表 19　　　　为本地产业数字化转型提供技术支撑的企业来源

省份	响应		个案百分比（％）
	N	百分比（％）	
山东	45	19.4	40.5
北京	63	27.2	56.8
上海	47	20.3	42.3
广东	26	11.2	23.4
浙江	29	12.5	26.1
江苏	17	7.3	15.3
四川	3	1.3	2.7
重庆	1	0.4	0.9
其他	1	0.4	0.9
总计	232	100.0	209.0

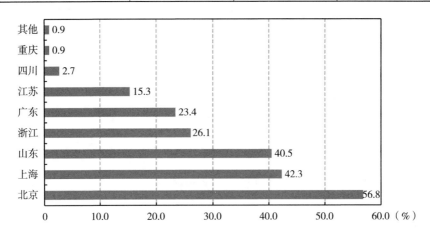

附图 19　为本地产业数字化转型提供技术支撑的企业来源

Q20：在企业数字化转型过程中，您最看重供应商的哪些优势

附表 20　　　　受访者在企业数字化转型过程中最看重的供应商优势

优势	响应		个案百分比（％）
	N	百分比（％）	
费用	47	11.7	42.0
安全性	64	15.9	57.1

续表

优势	响应		个案百分比（%）
	N	百分比（%）	
供应商规模	28	6.9	25.0
财务稳定性	29	7.2	25.9
技术水平	74	18.4	66.1
技术应用与解决方案	89	22.1	79.5
行业经验	55	13.6	49.1
远见卓识的领导者	17	4.2	15.2
总计	403	100.0	359.8

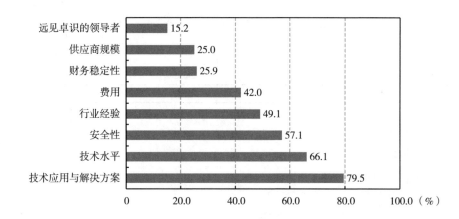

附图20　受访者在企业数字化转型过程中最看重的供应商优势

Q21：您所在企业数字化转型的资金来源

附表21　　　　　受访者所在企业数字化转型的资金来源

资金来源	响应		个案百分比（%）
	N	百分比（%）	
本企业自有资金	100	64.9	89.3
银行贷款	31	20.1	27.7
政府扶持资金	22	14.3	19.6
其他融资方式	1	0.6	0.9
总计	154	100.0	137.5

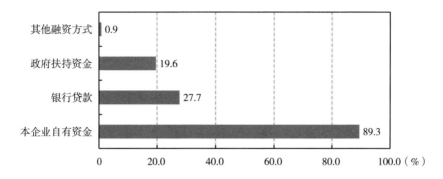

附图21 受访者所在企业数字化转型的资金来源

Q22：您所在企业数字化转型的技术来自哪里

附表22 受访者所在企业数字化转型的技术来源

技术来源	响应		个案百分比（%）
	N	百分比（%）	
本企业自己研发	70	41.4	63.1
与科研机构、高校联合	49	29.0	44.1
委托其他机构研发	19	11.2	17.1
购买技术	31	18.3	27.9
总计	169	100.0	152.3

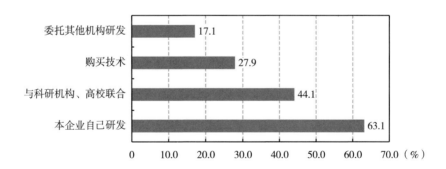

附图22 受访者所在企业数字化转型的技术来源